Actúa

Actúa

12 llamadas a la acción frente a la crisis económica, política y social

Federico Mayor Zaragoza • Baltasar Garzón •
Ignacio Escolar • Carlos Berzosa • Rosa María Artal •
Albert Recio • Àngels Martínez i Castells •
Javier Pérez de Albéniz • Juantxo López de Uralde •
Esther Samper • Sergio Pérez Acebrón •
Lourdes Lucía • Sofía de Roa • Juan Luis Sánchez

Prólogo de Rosa María Artal

DEBATE

El papel utilizado para la impresión de este libro ha sido fabricado a partir de madera procedente de bosques y plantaciones gestionados con los más altos estándares ambientales, garantizando una explotación de los recursos sostenible con el medio ambiente y beneficiosa para las personas.

Por este motivo, Greenpeace acredita que este libro cumple los requisitos ambientales y sociales necesarios para ser considerado un libro «amigo de los bosques». El proyecto Libros Amigos de los Bosques promueve la conservación y el uso sostenible de los bosques, en especial de los bosques primarios, los últimos bosques vírgenes del planeta.

Primera edición: abril de 2012

Printed in Spain – Impreso en España

ISBN: 978-84-9992-175-4
Depósito legal: B-6.653-2012

Compuesto en Fotocomposición 2000, S. A.
Impreso en Litografía Siagsa
c/ Joaquín Vayreda, 19
08911 Badalona

Encuadernado en Encuadernaciones Bronco

C 9 2 1 7 5 4

Índice

Prólogo

Un año de convulsiones

Nadie podía prever cuando escribimos *Reacciona* que en sólo un año se iban a producir tantos cambios en el mundo, en Europa y en España en particular. Hace doce meses, un grupo de autores nos unimos en el empeño común de aportar ideas y razonamientos sobre cómo revertir la difícil situación que nos estaba tocando vivir. El breve y convulso tiempo transcurrido, la vertiginosa aceleración de la debacle, indican que no es suficiente hoy con reaccionar, sino que se hace ineludible actuar.

Algo hubo. Apenas treinta días después de publicarse el primer libro —y por una acumulación de circunstancias— estallaba el 15-M en las calles de toda España reclamando una nueva sociedad, más justa y participativa. Sin embargo, el derrumbe financiero, económico, político, social y hasta ético desencadenado en 2008 experimentaba una durísima vuelta de tuerca, al desatarse —desbordada— en el verano de 2011 una presunta «crisis de la deuda» (especialmente en la Unión Europea) que reafirmaba el triunfo de la ideología neoliberal y sus premisas de proporcionar más beneficios a unos pocos, a costa de la merma en las condiciones de vida de la mayoría de la población. A ese fin, incluso se reformaron constituciones —como la española, y en tiempo récord—, y se añadieron grados a un sistema hoy claramente desbocado. Nulo control del poder financiero. Barra libre para los especuladores. Austeridad sin crecimiento, paro, recortes: una política que el premio Nobel de Economía Joseph Stiglitz, entre otras muchas voces de prestigio, ha calificado de suicidio... y la evidencia en la práctica: la crisis se agrava año tras año en lugar de remitir y se ahonda la recesión.

La forma de gobierno de Grecia, el país donde nació la democracia, es descrita hoy como una «tecnocracia». Jamás hubiéramos podido imaginar muchos de nosotros que llegaríamos a ver ese símbolo paradigmático, aquel innovador gobierno de todos (aunque fuera en teoría), convertido en una dirección jerárquica donde priman los criterios empresariales. ¿Para qué se vive en sociedad? ¿Para incrementar desorbitados lucros ajenos o para que cada cual tenga sus necesidades vitales aseguradas y poder aspirar a mayores grados de bienestar e incluso a una suerte de felicidad? Los instrumentos ejecutivos y parlamentarios de la UE para la toma de decisiones, además, parecen haber sido sustituidos por las reuniones entre la canciller alemana, Angela Merkel, y el presidente francés, Nicolas Sarkozy... o de Merkel consigo misma.

En España, el Partido Popular gobierna con mayoría absoluta el Estado y prácticamente todas las comunidades autónomas, y ostenta la mayoría parlamentaria en la UE junto con su grupo, el PPE, que venía imponiendo sus dudosas políticas ya apuntadas. Con él, ha regresado a España un añejo conservadurismo ideológico, dando alas, por si fuera poco, al sector de la prensa más reaccionario. Mientras tanto el periodismo de los grandes medios (también en crisis) no termina de dar las respuestas que espera la sociedad.

España ha sobrepasado los cinco millones de parados, cifra que parecía impensable, y todos los pronósticos apuntan a que se puede llegar a los seis millones. Bajan los sueldos y se facilita el despido. Las mermas en los presupuestos —y la voluntad de reducir el sector público— se están notando ya en la sanidad y la educación para quienes no tienen la posibilidad de recurrir al campo privado. Se recorta asimismo en ciencia y cultura. Aumentan los desequilibrios sociales y España es el país europeo donde más lo hacen. Mientras, crece un 25 por ciento el sector del lujo y apenas 1.400 personas controlan los recursos económicos del 80 por ciento del PIB. Las políticas medioambientales parecen propiciar los trasvases de ríos, la construcción en el litoral —que tan cara nos costó— y la apuesta por la energía nuclear.

Graves decisiones en justicia con la condena y expulsión de la carrera judicial de Baltasar Garzón, en tanto la corrupción registra sorprendentes sentencias y sigue siendo el cáncer que corroe nuestro país. Quien fuera uno de los principales impulsores de la Jurisdicción Universal —hoy fenecida en España— fue hallado culpable de prevaricación por escuchas que el Tribunal Supremo consideró indebidas en la investigación de la trama Gürtel, tras sortear —con absolución final— otra querella por haber osado tocar el franquismo. Lo preocupante es que el Gobierno del PP ha añadido las destituciones fulminantes de las cúpulas policial y fiscal que investigaron el mismo caso de delincuencia organizada que constituye la Gürtel, sean cuales sean los hallados culpables.

Y, a la vez, el resurgimiento de una conciencia ciudadana que irrumpió el 15-M, que libra y gana batallas, y de todas las acciones tendentes a lograr un mundo más justo. Es imprescindible que esa actitud responsable para con todos se extienda por nuestra sociedad. Al menos para saber qué queremos o no queremos y por qué.

Difícilmente un período de tiempo tan corto podría asistir a tantas convulsiones. El camino a la deriva, al agravamiento o a la resolución depende de nosotros, de la sociedad. La influencia de nuestras convicciones puede provocar una disposición más responsable en la política que haya olvidado su misión de buscar el bien común. Los instrumentos básicos son: educación e información. Asistirán en este libro a la descripción de los problemas, a su análisis y a las soluciones que, como en el caso de la investigación científica y de la mayoría de los contratiempos económicos, surgen como frutos que caen del árbol de la lógica. El propio Baltasar Garzón firma también en *Actúa* importantes reflexiones sobre cómo funciona en España la que aún es la pasión de su vida: la justicia.

No es hora de llantos ni de miedos, es hora de actuar. Con la confianza que aporta saber hacia dónde se hace más diáfano el camino.

Nuevos autores y disciplinas se suman a este diálogo de ciudadanos con ciudadanos a través de las páginas de un libro. Gracias tanto a Miguel Aguilar, de la editorial Debate, que ha apostado por *Actúa*, como a Pablo Álvarez, que, desde la editorial Aguilar, se aventuró a la publicación de *Reacciona*.

Y gracias a quienes, junto con la mayoría de los autores de *Actúa*, apuntaron una dirección eficaz en el libro anterior: a Juan Torres, Carlos Martínez Alonso, Javier López Facal y, muy en particular, a José Luis Sampedro —al «Equipo Sampedro» que forma con su mujer Olga Lucas—. Nuestro gran, ético y coherente intelectual suele llamar a «primero pensar y después creer» cuando nos abocan a hacer lo contrario: creer y ya se verá si pensamos.

Actúa… con argumentos.

ROSA MARÍA ARTAL
Coordinadora de *Actúa*

1

HA LLEGADO EL MOMENTO DE ACTUAR

Federico Mayor Zaragoza

FEDERICO MAYOR ZARAGOZA (Barcelona, 1934). Doctor en Farmacia, ha sido catedrático de Bioquímica y rector de la Universidad de Granada y catedrático también en la Universidad Autónoma de Madrid. Cofundador en 1974 del Centro de Biología Molecular Severo Ochoa, de la Universidad Autónoma de Madrid y del Consejo Superior de Investigaciones Científicas. Además, entre otros cargos políticos, ha sido ministro de Educación y Ciencia de España entre 1981 y 1982 y director general de la UNESCO desde 1987 a 1999. A su regreso a España, crea la Fundación para una Cultura de Paz, de la que es presidente. Y, entre otras actividades internacionales, preside la Initiative for Science in Europe (ISE) desde 2007.

Mayor Zaragoza es doctor Honoris Causa por numerosas universidades, y es miembro de múltiples organizaciones, academias y asociaciones nacionales e internacionales. Además de sus numerosas publicaciones científicas, Federico Mayor ha publicado casi una decena de poemarios y varios libros de ensayos: *Un mundo nuevo* (1999), *Los nudos gordianos* (1999), *Mañana siempre es tarde* (1987), *La nueva página* (1994), *Memoria del futuro* (1994), *La paix demain?* (1995), *Science and Power* (1995), *La palabra y la espada* (2002), *La fuerza de la palabra* (2005), *Un diálogo ibérico: en el marco europeo y mundial* (2006), *Tiempo de acción* (2008), *Delito de silencio* (2011), entre otros. Además es coautor de *Reacciona* (2011).

Blog: http://www.federicomayor.blogspot.com/

L'heure de nous même (celui des peuples) a sonné.

Aimé Cesaire

«Ha llegado el momento de actuar.» Así empezaba mi artículo en *Reacciona*.[1] «Es tiempo de acción», titulaba su prólogo al mismo libro Stéphane Hessel. No se trata de hacer frente a una gran crisis económica sino sistémica. No de una época de cambios, sino de un cambio de época. En los últimos estertores del neoliberalismo, los más recalcitrantes representantes del «gran dominio» intentan convencernos de que volverán a lograr el «estado de bienestar»: el consumo, el empleo, los horizontes sociales... Todo ello, bien entendido, aplicable únicamente al 20 por ciento de la humanidad, ya que el resto seguiría, como hasta ahora, sumido en un gradiente de precariedades progresivas hasta llegar —no me canso de repetirlo, porque constituye un agravio a la conciencia colectiva— a dejar morir de hambre a más de 60.000 personas al día, al tiempo que se invierten en armas y gastos militares más de 4.000 millones de dólares.

Éste es, en síntesis, el trágico balance de las ambiciones hegemónicas de los «globalizadores», que sustituyeron los valores éticos por las leyes del mercado y las Naciones Unidas por grupos de seis, ocho o veinte países, los más ricos de la Tierra.

En mi contribución al libro indicado, abordaba con cierto detalle los aspectos más sobresalientes del ocaso del neoliberalismo y de la deriva democrática que representa.

En la presente colaboración, después de reiterar los grandes trazos y más notorias repercusiones, especialmente en Occidente, del ensayo de gobernación neoliberal, me centraré en proponer algunas acciones especialmente relevantes para la nueva época, que, como apuntaba más arriba, diferirá mucho de la que pretenden «rescatar» los que más se han beneficiado del barrio próspero de la aldea global. Y es que el cambio empieza por uno mismo. Se trata de un cambio de vida pero, en primer lugar, de nuestra vida, de nuestro modo de vivir cotidianamente.

La única solución es una democracia genuina a escala global y local. Y la democracia no se impone ni se otorga. No se construye desde arriba, sino desde abajo, con la participación ciudadana.

Desde el origen de los tiempos, el poder se ha basado en la fuerza

Poder absoluto masculino. Los habitantes de la Tierra, confinados territorial e intelectualmente, son vasallos atemorizados y silentes. Hasta la propia vida debe ofrecerse sin rechistar a los designios del mando.

«Si quieres la paz, prepara la guerra» es el perverso adagio que guía la acción de los gobernantes, espoleados por los fabricantes de armas.

Al término de la Primera Guerra Mundial, en diciembre de 1918, el presidente Woodrow Wilson ensaya la puesta en práctica de su convenio para la paz permanente y se crea la Sociedad de Naciones. Pero la razón de la fuerza se impone una vez más sobre la fuerza de la razón, y los criterios de seguridad prevalecen sobre los intentos de solución pacífica de los conflictos.

En 1944, cuando el fin de la Segunda Guerra Mundial estaba cerca, el presidente Franklin D. Roosevelt inicia la creación de un Sistema de Naciones Unidas. La Carta de la ONU, fundada en San Francisco en 1945, comienza así: «Nosotros, los pueblos ... hemos resuelto evitar a las generaciones venideras el horror de la guerra». Tres conclusiones muy claras: i) son los pueblos, y no los estados o los gobiernos, quienes deben tomar las decisiones que afectan al destino común; ii) debe evitarse la confrontación bélica, es decir, debe construirse la paz; iii) la solidaridad intergeneracional es un componente esencial de la toma de decisiones.

La Constitución de la UNESCO indica que para construir la paz «en la mente de los hombres» es necesario partir de la igual dignidad de todos los seres humanos y basar la acción política en los «principios democráticos» de justicia, libertad y solidaridad (intelectual y moral). La educación, establece en su artículo 1.°, debe contribuir a la formación de personas «libres y responsables».

Éste es uno de los aspectos que considero más esenciales para llevar a cabo las transformaciones de hondo calado que ahora, por primera vez en la historia, son factibles si, como reacción serena y amplia visión global y prospectiva de la situación presente, somos capaces de dar otro significado al «bienestar» y abandonar los ensangrentados caminos de la historia basada en la fuerza y en el dominio de unos seres sobre otros para recorrer, todos distintos pero unidos por unos principios éticos universalmente aceptados, nuevas e iluminadas avenidas. Cada ser humano único en cada instante de su vida, capaz de crear, de tomar en las manos las riendas de su destino.

En el mes de diciembre de 1948, la Declaración Universal de los Derechos Humanos estableció puntos de referencia para todo el mundo, magistralmente resumidos en su artículo 1.°: «Todos los seres humanos nacen libres e iguales en dignidad. Todos están dotados de razón y se relacionan entre sí fraternalmente». Es de destacar que en el primer párrafo del preámbulo se proclama que los derechos humanos «liberarán a la humanidad del miedo»...

El Sistema de las Naciones Unidas, pensado para la gobernación mundial y dotado de instituciones especializadas en el trabajo (OIT), la alimentación (FAO), la educación, la ciencia y la cultura (UNESCO), la salud (OMS), la infancia (UNICEF), el desarrollo (PNUD), etc., converge en la aplicación de una palabra clave al final de la década de los cuarenta, *com-partir*; es decir, partir con los demás, colaborar, cooperar...

La debacle ética de Occidente

Pero pronto, muy pronto, son los estados y no los pueblos los que se instalan en las Naciones Unidas. Y los préstamos, concedidos en condiciones draconianas, sustituyen a las ayudas. Y la explotación a la cooperación internacional.

A todo ello se une la carrera armamentística entre las dos superpotencias que, progresivamente, ocupa todo el espacio supranacional. Los grandes objetivos del decenio de la época de Roosevelt se desvanecen.

Estados Unidos llega a cometer en el «patio trasero» de América Latina excesos intolerables: la Operación Cóndor constituye uno de los episodios más siniestros y detestables de su poder y su forma de acometer, sin miramientos de ningún tipo, su lucha contra el comunismo. Todos los países con «brotes marxistas» van cayendo... ¡con la excepción de China!

En 1989, al término de la Guerra Fría, se produce el desmoronamiento de la Unión Soviética, simbolizado por el del Muro de Berlín, y se abren unas expectativas insólitas para el inicio, coincidiendo con el nuevo siglo y milenio, de una gran inflexión histórica: la desaparición del *apartheid* racial en Sudáfrica gracias al liderazgo excepcional de Nelson Mandela; el Acuerdo de Paz de Chapultepec que pone fin a la guerra de El Salvador; paz en Mozambique; primeros pasos del proceso en Guatemala...

Pero, en contra de lo esperado, no hubo «dividendos de paz» sino que bien al contrario, las ambiciones hegemónicas de Estados Unidos —y del Reino Unido como acólito tradicional— frustraron uno de los momentos más esperanzadores de la historia contemporánea. En la globalización neoliberal, los valores éticos se sustituyen por los del mercado; se marginan las Naciones Unidas, reemplazándolas por grupos plutocráticos de seis, siete, ocho... veinte países prósperos, que pretenden aplicar sus decisiones a un conjunto de 196 naciones.

El Fondo Monetario Internacional y el Banco Mundial «para la reconstrucción y el desarrollo» se convierten en instrumentos al servicio de los países más ricos de la Tierra.

No hay medios para los «Objetivos del Milenio» que pretenden erradicar el hambre de tantos seres humanos. Y la represalia por el horrible ataque de terrorismo suicida a los símbolos del poder norteamericano el 11 de septiembre de 2001 lleva a la invasión de Irak, justificada por los «arsenales de armas de destrucción masiva», que se sabían inexistentes.

Construir la paz, el gran objetivo de los proyectos de Roosevelt, se deja a un lado, y se extiende a todo el mundo las bases militares y todo lo que garantice la seguridad. Serán los intereses económicos y no los principios democráticos los que orienten el fenómeno de la globalización mundial. Será la seguridad y no la paz el pilar del nuevo sistema. A pesar de los grandes esfuerzos intelectuales, culturales y políticos que despliegan las «marginadas Naciones Unidas» —en Educación para todos a lo largo de toda la vida, 1990; en Medio ambiente, Río de Janeiro 1992; en Convivencia, Desarrollo Social y Apoyo a la Mujer, en 1995; en Cultura de Paz, 1999; en Diversidad Cultural, 2001, etc.—, el neoliberalismo a ultranza debilita el estado-nación, confiere enormes poderes a grandes consorcios transnacionales y oculta, con una gran irresponsabilidad intergeneracional, los grandes problemas ecológicos, alimentarios, sanitarios, sociales...

La «globalización» —con unos inmensos gastos bélicos, deslocalización productiva y economía especulativa— culmina en una crisis múltiple (ética, democrática, social, financiera, medioambiental...) que se ha intentado solucionar con las mismas fórmulas que la han causado: después del «rescate» de las entidades financieras en Estados Unidos y la Unión Europea, los «mercados», recuperados, acosan a los rescatadores empobrecidos, llegando a ser tal su poder energético, financiero y mediático que impone cambios de gobiernos sin elecciones (!) en dos países símbolo de Europa (Grecia e Italia).

Europa entra en el círculo vicioso de los recortes sin crecimiento, al tiempo que sigue sin disponer de federación fiscal y de autonomía en materia de seguridad. Las «burbujas» más notorias de este período son las de las tecnologías de la comunicación y la inmobiliaria, que afecta de forma especialmente dramática a España. Su gobierno se jactaba en el año 2000 de estar construyendo más viviendas «que en el conjunto de la Unión Europea». Era previsible, por la enorme demanda de mano de obra extranjera —la mayoría, por cierto, sin regularizar—, que la explosión de la misma implicaría gravísimos trastornos económicos e industriales, afectando en gran manera al empleo, especialmente entre los más jóvenes y los emigrantes.

Situación en el resto del mundo

Es de destacar que América Latina se emancipa (CELAC) y adopta sus propias fórmulas de desarrollo. Hay que reconocer el liderazgo llevado a cabo por el presidente Lula en Brasil.

La personalidad de la presidenta Dilma Rousseff, que le ha sustituido al frente de este gran país sudamericano, ilustra muy bien los aspectos fundamentales de la nueva visión latinoamericana en las siguientes frases de enero de 2011 y 2012: «Para hacer realidad nuestros sueños debemos saber sobrepasar las líneas de lo posible» y «No podemos tolerar que al declive neoliberal siga el declive de la democracia».

Rusia y Turquía van desvelando su inmenso potencial y la India emerge como un país imprescindible para cualquier escenario de futuro. África empieza a despertar lentamente, del colonialismo tecnológico y económico que la mantenía postrada, y la «primavera árabe» anuncia procesos de liberación popular ya irreversibles, con lógicos altibajos y muchas incógnitas todavía.

El gran reto de la humanidad lo representa China, que, convertida en la «fábrica del mundo» por la codicia de los países más desarrollados, vive la grave incoherencia de ser un inmenso país capitalista-comunista, con condiciones laborales inadmisibles, sin respeto alguno a los derechos humanos.

Mijaíl Gorbachov terminaba así un reciente artículo publicado en *The Nation*: «Estoy convencido de que es tiempo de volver a los caminos que trazamos juntos al terminar la Guerra Fría. El mundo necesita, otra vez, un nuevo enfoque basado no sólo en el reconocimiento de intereses universales y de interdependencia global, sino en ciertos fundamentos morales. Se dice con frecuencia que la política es "sucia" e incompatible con los principios éticos. No es cierto: la política se ensombrece y resulta insuficiente cuando carece de un núcleo moral. Ésta es, quizá, la mayor lección que debemos aprender de las dos décadas pasadas».

Suscribo plenamente la autorizada dirección que Gorbachov indica: debemos contemplar al mundo en su conjunto, conocer cómo viven (y mueren) la mayor parte de los seres humanos y, desde esta conciencia global, ser militantes activos del cambio radical que la situación presente exige.

Abdallah Daar y Peter Singer han escrito recientemente: «Nuestra motivación para la acción viene de un simple hecho: la esperanza de vida para quienes viven en Canadá, Estados Unidos o Alemania es de, aproximadamente, ochenta años; si su hogar está en Suazilandia, Mozambique o Zambia, su esperanza de vida es la mitad. Estamos preparados para experimentar una revolución científica con un extraordinario potencial para mejorar la salud del ser humano y su bienestar. ¿Utilizaremos nuestro poder para beneficiar a una minoría o para el bien de todos?».[2]

Todos *con* todos. *Para* todos. Ésta es la premisa insustituible en nuestros planes. El por-venir, me gusta repetirlo, está por hacer, pero, como en el verso de Miquel Martí i Pol, «¿quién si no todos?». Juntos podemos. Pero no actuando para un pequeño grupo de la humanidad saciada sino para toda la humanidad. Pasar de unos cuantos a muchos. Pasar del poder absoluto a un poder genuinamente democrático. Pasar de la fuerza a la palabra... Éstas son las grandes transiciones que afrontamos.

«El desafío más grande —sigo citando a Daar y Singer— empieza con una simple premisa: que la vida de cada persona sea de igual valor, independientemente del lugar del mundo donde viva. También empieza con un dato alarmante: que en esta era de espectaculares avances científicos, todavía son los que viven en el mundo desarrollado —principalmente en Occidente— quienes de una manera abrumadora se benefician de nuestro enorme poder para combatir las enfermedades y mejorar la alimentación, mientras que los de países en desarrollo tienen más probabilidad de morir por falta de asistencia sanitaria y nutrición básica.»

La solución: más democracia, mejor democracia

Estos retos, por su magnitud y complejidad, sólo podrán ser resueltos desde poderes auténticamente democráticos. Hoy, tanto a escala local como global, la fragilidad de las democracias es evidente:

a) *Localmente*: partidismo disciplinado en exceso y una información ciudadana muy precaria, y con frecuencia sesgada; justicia lenta y basada en leyes manifiestamente mejorables; en los comicios electorales participan los ciudadanos a los que luego no se tiene en cuenta normalmente; en el proceso de uniformización y entretenimiento se convierte a la mayoría de los ciudadanos en espectadores impasibles de lo que sucede; severa patología ética, con aspiraciones inculcadas por «modelos exógenos» que, en caso de alcanzarse, no producen la satisfacción ni el gozo personal esperados...

b) *Globalmente*: sustitución del Sistema de las Naciones Unidas por grupos de países ricos, sin secretariados ni instituciones que aseguren el cumplimiento de las medidas acordadas, desprovistos de la autoridad moral y política necesarias para la coordinación, la armonización y el arbitraje propios de una mínima capacidad de acción a escala mundial, con tráficos delictivos de toda índole (armas, drogas, ¡personas!) en medio de la mayor impunidad...

Hace tan sólo unas semanas, la humanidad alcanzaba la cifra de siete mil millones de integrantes. Siete mil millones de seres capaces de pensar, imaginar, inventar su futuro que, en su gran mayoría, deberán esforzarse simplemente en sobrevivir, haciendo frente al sombrío horizonte que acabo de esbozar, si bien, frente a lo que les ha sucedido hasta ahora a los habitantes de la Tierra, van adquiriendo el progresivo convencimiento de que la especie humana debe cambiar las tendencias actuales y construir un mundo nuevo a la altura de su igual dignidad.

Frente a la «crisis de Occidente», se han ido perfilando ya dos formas distintas de reaccionar:

a) La Unión Europea. Como ya he indicado, permanece con tozudez en el círculo vicioso de reducción del déficit y pago de la deuda, sin tiempo ni recursos para favorecer el crecimiento que permitiría la creación de empleo y la recuperación financiera; seguridad no autónoma, con desmesurados gastos militares y en armamento; aumento del desempleo y grave crisis social; no establece pautas de regulación fiscal, ni crea eurobonos ni incentivos de otra naturaleza; brotes xenófobos.

b) Estados Unidos. A pesar del inmenso peso de la insolidaridad republicana, el presidente Obama ha sido capaz de poner en práctica el viejo sueño demócrata de atención médica a aquellos norteamericanos (entre treinta y cuarenta millones) que no podían pagar los gastos de seguros privados; ha dado un paso muy importante en el desarme nuclear y, hace muy pocas semanas, ha decidido la reducción en un tercio de los gastos de defensa del Pentágono, lo que supone una medida muy valiente y oportuna; ha autorizado la emisión de 300.000 millones de dólares destinados a incentivos para la creación de empleo, grandes obras públicas, ayuda a la pequeña y mediana empresa...; y, especialmente importante, ha centrado su mirada en el Pacífico, donde tanto China como la India, Japón y Corea del Sur merecen una particular atención actualmente.

Como he mencionado antes, en el resto del mundo es de destacar la asociación progresiva en alianzas regionales, que en muy pocos años tendrán también un papel muy relevante en la gobernación a escala mundial. Así, en América Latina, Mercosur dio lugar a Unisur y ahora a la Comunidad de Estados de América Latina y el Caribe. Un pilar económico, otro de defensa, otro de coordinación política...

Implicaciones sociales de la crisis sistémica

A escala mundial, pero particularmente en Occidente, se están produciendo desgarros sociales y asimetrías de toda índole, que ofrecen horizontes enormemente confusos tanto institucional como conceptualmente, al hacer patente que no existen la voluntad ni el liderazgo necesarios para recuperar los principios democráticos y las instituciones globales adecuadas que nos permita liberarnos de una vez de los efectos y del ámbito, tan restrictivo, del sistema neoliberal.

Por todo ello, se está pasando de la indiferencia ciudadana a la participación, a la percepción de los «invisibles», teniendo capacidad para ver más allá de lo que iluminan los focos de los medios de información. El conocimiento de la realidad es imprescindible para poder transformarla oportuna y adecuadamente. Por eso, superar las limitaciones que representa una información parcial e interesada constituye una de las premisas para hacer posibles los cambios que no deben demorarse.

Hoy es más claro que nunca que la inercia es un gran obstáculo para la evolución, única fórmula que permitiría evitar la revolución, que siempre conlleva violencia. La diferencia, insisto en ello, es la *r* de responsabilidad. Lo aconsejable es una rebelión pacífica y rigurosa, basada en el conocimiento y en la experiencia. La propia Declaración Universal de los Derechos Humanos indica que podemos vernos «compelidos» a la rebelión cuando el poder se radicaliza y olvida los derechos humanos y los principios democráticos.

Ya no más súbditos, ya no más espectadores, ya no más silenciosos ni silenciados, ya no más receptores indiferentes, sino actores del propio destino. Cada ser humano único, capaz de crear, es nuestra esperanza. Es inventar el mañana. Aun a contraviento, en condiciones adversas, debemos cavar los nuevos surcos y sembrar las semillas nuevas si de verdad queremos contribuir a cosechar otros frutos que no sean los del sistema —tan amargos— que un día aciago decidió orientar su rumbo con la referencia exclusiva de los mercados, y desechar la justicia social, la igualdad y la solidaridad.

Escribía Ignacio Ramonet hace unos meses que «una epidemia de indignación está sublevando a los jóvenes del mundo … El proceso globalizador neoliberal humilla a los ciudadanos, despoja de futuro a los jóvenes … y la crisis financiera, con sus "soluciones de austeridad" contra las clases medias y los humildes, empeora el malestar general. Los estados democráticos están renegando de sus propios valores. Un rasgo neoliberal que, de Chile a Israel, irrita particularmente es la privatización de los servicios públicos. Porque significa un robo manifiesto del patrimonio de los pobres. A los humildes que no poseen nada les queda por lo menos la escuela pública, el hospital público, los transportes públicos … que son gratuitos o muy baratos, subvencionados por la colectividad. Cuando se privatizan, no sólo se le arrebata a la ciudadanía un bien que le pertenece (ha sido costeado con sus impuestos), sino que se desposee a los pobres de su único patrimonio. Es una doble injusticia. Y una de las raíces de la ira actual. ¿Hasta cuándo se puede seguir aceptando que la especulación financiera imponga sus criterios a la representación política? ¿Qué sentido tiene la democracia? ¿Para qué sirve el voto de los ciudadanos si resulta que, a fin de cuentas, mandan los mercados?».[3]

Actuaciones más apremiantes

Es preciso una nueva gobernación mundial basada en:

a) Desarme gradual pero sin pausa. Es especialmente importante el desarme nuclear. Es un sinsentido que no debe prolongarse el mantener a la humanidad entera bajo la amenaza de la destrucción atómica. Son cuestiones en las que ahora se requiere un auténtico clamor mundial para que se alcancen muy rápidamente acuerdos globales.

La disminución de los gastos de defensa, ya iniciada en Estados Unidos y en Italia, debe seguirse a pasos agigantados por otros países. Ya he mencionado que es una de las condiciones *sine qua non* para la recuperación de Europa.

b) Transición desde una economía de especulación, deslocalización y guerra a una economía de desarrollo global sostenible. Regulación de los flujos financieros y cancelación inmediata de los paraísos fiscales. Ésta es una medida que, no debemos engañarnos, sólo se aceptará si los ciudadanos dejan de tener sus nóminas depositadas en instituciones financieras que estén relacionadas con los paraísos fiscales o de comprar productos de aquellos fabricantes que no demuestren una total independencia. De otro modo, no se podrá alcanzar este objetivo, reconocido como uno de los mayores obstáculos para llevar a cabo las reformas locales y globales que tanto urgen.

c) Tasas sobre transacciones financieras (TTF)[4] que reviertan a la cooperación internacional y al desarrollo sostenible. La propuesta de las TTF cuenta con el apoyo de un gran número de organismos internacionales que han demostrado ya que esta tasa es factible y apropiada incluso si su aplicación es de carácter regional o la llevan a cabo, al menos inicialmente, un grupo reducido de países. Con un modesto impuesto del 0,1 por ciento sobre los intercambios de acciones en bolsa y sobre el mercado de divisas, la Unión Europea obtendría todos los años, entre 35.000 y 50.000 millones de euros, cantidad suficiente para financiar buen número de los objetivos sociales y económicos más necesarios.

Debemos, al igual que en los casos anteriores, realizar una gran movilización no sólo presencial sino también en el ciberespacio para que este tipo de impuestos no se destinen a pagar el déficit o la deuda sino, como antes indicaba, a atender las grandes prioridades sociales.

d) Relocalización industrial ponderada, al tiempo que se favorece la I+D+i, especialmente en la pequeña y mediana industria, estimulando al máximo la cooperación internacional, que produciría «nuevos clientes» al tiempo que eliminaría la explotación actual y los conflictos internos que acarrea. No debe calcularse en lo sucesivo el PIB como índice de progreso sin tener en cuenta su «reflejo social». Es engañoso decir que, en África, Uganda y Ruanda están creciendo porque su PIB aumenta, cuando resulta que son dos «escalas comerciales», tanto Kampala como Kigali, del «coltán», mineral superconductor arrebatado a unos cientos de kilómetros al sur a la Comunidad Kiwu, de la República del Congo. O cuando se habla de Perú, por ejemplo, con un notorio crecimiento en términos de PIB... del que se benefician sobre todo un número muy restringido de compañías multinacionales.

e) Someter a control estricto la especulación de las máquinas «instruidas» para la inversión/desinversión automática en todas las bolsas. Cualquier modalidad del gran abanico especulativo actual, que no favorece el crecimiento real ni tiene beneficio social alguno, debe desacelerarse primero y eliminarse más tarde.

f) Refundación de un Sistema de Naciones Unidas,[5] basado en los mismos principios y referencias que en 1945:

- los pueblos;
- construir la paz (evitar la guerra);
- solidaridad intergeneracional;

• el nuevo Sistema constaría de una Asamblea General en la que el 50 por ciento de los componentes serían estados, pero el otro 50 por ciento representaría a la sociedad civil (instituciones, organizaciones no gubernamentales, representantes especialmente elegidos para este fin);

• al Consejo de Seguridad actual se añadiría un Consejo de Seguridad Medioambiental y otro Consejo de Seguridad Socioeconómico.

Estas nuevas Naciones Unidas —no hay otra solución a la vista— podrían hacer cumplir los acuerdos internacionales, eliminar los tráficos (drogas, armas, capitales, patentes, ¡personas!...) y resolver, gracias al apoyo unánime de los estados miembros, situaciones como la de Siria actualmente, evitando tentaciones de agresión similares a las que hoy pesan sobre Irán, así como «soluciones intolerables» parecidas a la que ha sido utilizada en el caso de Libia.

g) Las nuevas Naciones Unidas podrían llevar a efecto, en el marco del desarrollo global, las grandes prioridades para asegurar a todos los seres humanos una vida digna (actualmente sólo el 20 por ciento disfrutan de un bienestar razonable, como ya hemos indicado):

Nutrición:[6] producción de alimentos por medio de la agricultura, la acuicultura y la biotecnología, asegurando en todo caso la calidad de los alimentos mediante una estricta regulación de los compuestos de síntesis utilizados (fertilizantes, pesticidas, etc.). Al igual que en ganadería y pesca, los controles de salubridad pasarían a formar parte de una de las principales acciones en todos los tramos de la cadena alimentaria, como parte de las prácticas propias de la «nueva época».

Se procurará también favorecer la autonomía local alimentaria, relacionada con el «regreso al medio rural» que permiten hoy las nuevas tecnologías de la comunicación y la información para el trabajo no presencial.

Acceso al agua potable:[7] se promoverán todas las formas de gestión del agua (embalse, canalización, ahorro, reciclaje, producción por desalinización...) que permita asegurar su disponibilidad a todos los habitantes de la Tierra sin excepción.

Salud:[8] el acceso a los servicios sanitarios, a los métodos de diagnóstico más avanzados y a los tratamientos adecuados constituye uno de los principales objetivos que, si realmente poseemos a partir de ahora una mirada global en lugar de seguir preocupándonos exclusivamente por los más prósperos, podría alcanzarse en un período de tiempo razonablemente corto, como parte esencial de la inflexión histórica que ya es factible.

Modo de vida: los medios de comunicación, las fuentes energéticas y las nuevas modalidades de trabajo que, sin lugar a dudas, se irán haciendo más patentes en los próximos años, permitirán una «remodelación» muy notoria de «la forma de vivir». En efecto, gracias a las mejoras en las comunicaciones una parte de los trabajos podrá realizarse a distancia; los empleos serán, seguramente, por menor tiempo y con un horario flexible; y se usarán unos sistemas de transporte muy eficientes y rápidos... Lo que es impensable es que con la automatización y robotización progresivas y la suplencia presencial, las condiciones laborales sigan siendo las propias de las grandes fábricas y empresas «manuales» de hace bien pocos años.

Medio ambiente:[9] es una de las responsabilidades intergeneracionales que no deben obviarse ni un día más. En el deterioro ecológico, como en cualquier proceso, pueden alcanzarse puntos de no retorno. Esta irreversibilidad potencial requiere una actuación oportuna, a tiempo, lo que a su vez requiere un profundo conocimiento científico de los distintos fenómenos que deben reconducirse y/o evitarse. La energía renovable, sustitución de combustibles fósiles es una acción indispensable que requiere, asimismo, regulación internacional. Sólo con una gran coordinación en el seno de las «nuevas» Naciones Unidas se lograría, también, actuar eficazmente frente a las catástrofes naturales (terremotos, huracanes, inundaciones, incendios, volcanes...), para las que hoy, incluso en los países más avanzados y que disponen de artilugios bélicos enormemente sofisticados, se carece de las tecnologías apropiadas para poder amortiguar rápidamente el impacto de la naturaleza desbocada.

Educación:[10] educación para, como ya hemos indicado, formar a seres humanos «libres y responsables», que actúan en virtud de sus propias reflexiones, que participan en la construcción de democracias fuertes y eficientes tanto a escala local como global. Personas educadas, solidarias, que no sólo están dispuestas a compartir sus conocimientos y experiencias sino que, cuando llega el momento, pueden liderar como corresponde la movilización popular. Me refiero sobre todo a los intelectuales, artistas, científicos, creadores, etc., en suma, para contribuir a hacer realidad, en un futuro próximo, un poder genuinamente democrático.

Lo mismo cabe decir en relación con las adicciones y consumos que pueden tener una incidencia patológica considerable: en el caso del alcohol, el tabaco y las drogas, la sociedad debe ser consciente, a través no sólo de una buena información sino también de una educación permanente suficientemente amplia y generalizada, de la responsabilidad personal y colectiva que tienen quienes usan o abusan de estos consumos. No será la fuerza de las armas lo que corregirá estas situaciones, sino la actitud de los ciudadanos.

Paz:[11] ha llegado el momento de demostrar, como se pretendía en la Carta de las Naciones Unidas, que la paz es posible, que la solución no está en «preparar la guerra» sino en construir, todos los días, en nosotros mismos, en nuestro entorno, en nuestras calles, aulas y pueblos, los baluartes de la paz. La paz es posible si en lugar de súbditos pasamos a ser ciudadanos que tienen muy claro el mundo que desean legar a las generaciones venideras.

AHORA ES FACTIBLE: ¡ACTÚA!

Por primera vez en la historia, es ahora posible la participación no presencial por parte de muchos ciudadanos y, en poco tiempo, de una gran mayoría de personas que, gracias a la moderna tecnología de la comunicación y de la información, dejarán de ser espectadores de lo que acontece para ser actores de su propia vida, ciudadanos del mundo.

El mayor número de mujeres en la toma de decisiones y la conciencia global, que permite comparar y, por tanto, apreciar más lo que se tiene y conocer las precariedades ajenas, favorecerá, tanto local como globalmente, disponer de democracias sólidas que corrijan las actuales tendencias y esclarezcan horizontes tan sombríos, personal y colectivamente, en el momento actual.

El sentido de responsabilidad intergeneracional permitirá asegurar la continuidad de estas nuevas pautas de convivencia planetaria y, por tanto, el «nuevo comienzo», basado en la aplicación del conocimiento, en el consejo y en la anticipación.

Tenemos que acometer con imaginación y valentía el paso de una cultura de imposición, dominio y violencia a otra de diálogo, conciliación, alianza y paz. La gran transición de la fuerza a la palabra es ahora factible.

El siglo XXI será el siglo de la gente. Se llevará a cabo, por fin, el sueño de «Nosotros, los pueblos...».

La solución está en que los pueblos actúen y consigan el triunfo de la democracia a todos los niveles.

Sí, ha llegado el momento de replantear el sistema, no de aceptarlo o de adaptarlo.

Así empieza la Carta de la Tierra:[12] «Nos hallamos en un momento crítico de la historia de la Tierra, un momento en el cual la sociedad ha de elegir su futuro ... Hemos de unirnos para crear una sociedad global sostenible basada en el respeto a la naturaleza, los Derechos Humanos universales, la justicia económica y la cultura de paz...».

¡Actúa!... «¡Sé tú el cambio!», proclamaba Mahatma Gandhi. La solución está, en suma, en el triunfo de la democracia a escala personal, local y mundial.

NOTAS

1. Rosa María Artal, coord., *Reacciona*, Ed. Aguilar, Madrid, 2011.

2. Abdallah Daar y Peter Singer, *The Grandest Challenge*, ed. de Sarah Scott, Doubleday, Canadá, 2011.

3. Ignacio Ramonet, «Generación sin futuro», *Other News*, 27 de septiembre de 2011.

4. Manifiesto «En tiempos de crisis soluciones para la gente», http://fund-culturadepaz.org/MANIFIESTO/En_tiempos_de_crisis_soluciones_para_la_gente.htm; UBUNTU, V Diálogo de Alto Nivel de Naciones Unidas sobre la Financiación para el Desarrollo, Nueva York, 5-9 de diciembre de 2011; ATTAC http://www.attacmadrid.org/?p=3971.

5. Federico Mayor Zaragoza, «Naciones Unidas sí. G-8 no», junio de 2009, http://www.federicomayor.blogspot.com/2009/07/naciones-unidas-si.html; «G-7–>G-8–>G-13–>G-20–>... ¡G-192!», julio de 2009, ttp://www.federicomayor.blogspot.com/2009/07/g-7-g-8-g-13-g-20-g-192-una-vez-mas-en.html; «Siria única salida: interlocutor único de Naciones Unidas», febrero de 2012, http://www.federicomayor.blogspot.com/2012/02/siria-unica-salida-interlocutor-unico.html.

6. Federico Mayor Zaragoza, «Hambre, nutrición y crecimiento: una panorámica mundial», en *Anales de la Real Academia Nacional de Medicina*, tomo 27, cuaderno 1 (2010), pp. 101-110.

7. Federico Mayor Zaragoza, *La gestión del agua más allá de los países = Water management beyond country boundaries*, Expoagua Zaragoza, Zaragoza, 2008.

8. Federico Mayor Zaragoza, «La salud en los Objetivos del Milenio», en *El Ciervo*, n.º 656 (noviembre de 2005), pp. 23-25; y Federico Mayor Zaragoza, «Principales retos de la salud en el si-

glo XXI», en *El ser humano*, Contracentro Ediciones, S.L., Córdoba, 2008, pp. 25-28.

9. Federico Mayor Zaragoza, «Implicaciones del cambio climático en el ámbito global», en *Monográfico Política Exterior* (26 de enero de 2011).

10. Jacques Delors *et. al.*, *La educación encierra un tesoro. Informe a la UNESCO de la Comisión Internacional sobre la Educación para el Siglo XXI*. Ediciones UNESCO, París, 1996; y Federico Mayor Zaragoza y Sema Tanguiane, *L'enseignement supérieur au XXIe siècle*, Hermes Science Publications, París, 2000.

11. *From a culture of violence to a culture of peace*, UNESCO, París, 1996; y Declaración y Programa de Acción para una Cultura de Paz, Asamblea General de las Naciones Unidas, septiembre de 1999.

12. Carta de la Tierra, http://www.cartadelatierra.es/esp/text.html.

2

EN EL NOMBRE DEL PUEBLO... LA JUSTICIA

Baltasar Garzón

Baltasar Garzón (Torres, Jaén, 1955) actualmente es ex magistrado español, ex consultor de la Fiscalía de la Corte Penal Internacional y asesor de la Misión de Apoyo al Proceso de Paz de la OEA en Colombia.

Se licenció en Derecho por la Universidad de Sevilla en 1978 y aprobó las oposiciones para juez en 1980. En 1988 tomó posesión como magistrado del Juzgado Central de Instrucción número 5 de la Audiencia Nacional hasta febrero de 2012.

Entre los procesos judiciales más relevantes que ha instruido se cuentan la causa contra Augusto Pinochet y las dictaduras de Chile y Argentina. También ha instruido importantes causas criminales: el caso de los GAL; múltiples casos contra la organización terrorista ETA y su entorno; terrorismo yihadista; los casos más importantes de narcotráfico, como las operaciones Nécora, Temple o Pitón; las investigaciones más complejas en materia de criminalidad económica organizada y la corrupción, como las operaciones Troika (mafia rusa), Gürtel o Pretoria.

Tres querellas confluyeron para apartarle de la carrera judicial. El escándalo suscitado por esta medida ha llevado a mostrar su protesta y solidaridad a miles de personas y a múltiples organismos dentro y fuera de España.

En la actualidad, desarrolla actividades humanitarias en diversos países del mundo, especialmente en Colombia, en defensa de los pueblos indígenas y afrodescendientes. Doctor honoris causa por veintitrés universidades de todo el mundo; es autor de ocho libros, entre ellos *Un mundo sin miedo* (2005), *La línea del horizonte* (Debate, 2008), *La fuerza de la razón* (Debate, 2011) y de un capítulo de *Reacciona* (2011). El documental de Isabel Coixet *Escuchando al Juez Garzón* obtuvo el premio Goya 2012.

Cuando me propusieron participar en esta aventura editorial que hemos denominado *Actúa*, pensé que hay voces «mucho más» autorizadas que la mía para hablar de un tema tan nuclear en la vida de un país como la justicia y que, en los últimos años, ha ido cayendo en los índices de valoración de los ciudadanos hasta ubicarse en el último o penúltimo lugar.

Mi situación actual, condenado por un tribunal de la Sala Segunda del Tribunal Supremo, en una sentencia histórica, tanto por la certeza previa de la sanción como por la contundencia de la misma, y que pretende ser ejemplarizante para que quienes pretendan interpretar el derecho de forma discrepante a la línea oficial y única posible (no se olvide que por primera vez se condena a una persona por un delito que se crea en la misma sentencia por el tribunal, en una curiosa forma de interpretar el principio de legalidad penal), me llevó a creer que no era yo la persona más idónea para hablar sobre esta institución.

Sin embargo, al reflexionar sobre lo ocurrido en estos tres últimos meses —de los que habrá que hablar en otro momento—, he sentido que quizá podría aportar algunas ideas al debate ahora que estoy ligero de equipaje y con la libertad no secuestrada por la corrección de quienes no encajan la crítica y la discrepancia, o de aquellos que reclaman la acción penal del Estado contra quienes disienten de unas decisiones judiciales tan especiales como sorprendentes en lo subjetivo y en lo objetivo.

Desgraciadamente, aquellos que se atreven a alzar la voz dentro del ámbito de la justicia para mostrar su rechazo son los menos, pero también los mejores, porque ante la «amenaza» de la «Corporación» con sus instrumentos organizados, se imponen el silencio y la sumisión.

Siento que debo decir algunas cosas, más allá de afirmar que en los treinta y un años que he dedicado a la justicia he querido contribuir con mi trabajo a que algunos aspectos de ésta, en el área de mis competencias en la Audiencia Nacional, avanzaran y consiguieran hacer frente a las necesidades del momento, y también con una visión de futuro y universalista en función de la complejidad de los temas a los que nos enfrentábamos (si tengo que ser honrado, algunas he conseguido). Pero no ha sido suficiente el empeño de muchos profesionales, entre los que destaco de una forma especial a los funcionarios de la administración de justicia y en particular a los del Juzgado Central de Instrucción número 5, para obtener una justicia diferente, más humana, más próxima, más justa y que, verdaderamente, defienda los derechos de las víctimas y los derechos de los ciudadanos en general sin miedos a represalias internas o externas.

En el sistema judicial español hay buenos jueces, pero eso no es suficiente cuando el sistema falla por arriba y cuando se percibe muy alejado de lo que una sociedad moderna y democrática como la española necesita.

La legislatura de la justicia

Al comienzo de la legislatura anterior (2008-2011) el presidente del gobierno afirmó que la justicia sería el primer interés que defender y que se abordarían reformas fundamentales que revolucionarían la configuración del sistema procesal y, específicamente, el penal. Al final, como tantas otras veces ocurre con las promesas políticas, la justicia fue el juguete roto, no sólo porque no se llevaron a cabo las reformas anunciadas, sino porque las que se cumplieron perjudicaron a instituciones básicas en la justicia penal, como fue la jurisdicción universal. Además, se dejó abierta la puerta, con el vuelco electoral, a reformas regresivas para los derechos del pueblo ya consolidados.

El tan auspiciado y necesario cambio de los jueces de instrucción por los fiscales en la dirección de la investigación penal quedó abortado antes de producirse. Lo que constituía una necesidad se presentó como un golpe político a la independencia del poder judicial. Las posiciones más conservadoras saltaron a la yugular del ministro de Justicia de la época, pero lo hicieron sin argumentos y sin reflexión de tipo alguno. La falta de confianza esgrimida en la capacidad instructora de los fiscales es tan falsa como inconsistente, sobre todo cuando en el 90 por ciento de los casos quien lleva todo el peso de la investigación es el fiscal, al menos en los procesos más complejos. Los fiscales vienen demostrando mejor juicio investigativo que los jueces. Son ellos los que, con la mente puesta en el juicio oral, desarrollan mejor que nadie una estrategia probatoria para preparar y adelantar el desarrollo de aquél. Pero sin olvidar que a la defensa se le debe otorgar el espacio que merece en la configuración del material probatorio que compone el sumario o la instrucción.

En tanto en cuanto se mantenga la fase escrita previa, se debe avanzar hacia un modelo que huya de toda sombra de indefensión. No es con artimañas, trampas o limitaciones contra la defensa como se construye un proceso penal, sino con los elementos que, sometidos a contradicción, puedan romper el principio de presunción de inocencia o lo consagren, erradicando esa presunción de culpabilidad de la que tanto gustan algunos investigadores en la actualidad. ¿Qué dirían ustedes si un imputado pide por tres veces que se le informe del delito que se le imputa y el juez se niega a hacerlo? Parece propio de un país en el que el Estado de derecho no existe, ni siquiera las libertades mínimas. Pues no, eso ha sucedido en España y al más alto nivel judicial. Estas prácticas y otras deben ser erradicadas para que la justicia penal recupere su credibilidad.

Los jueces de instrucción españoles deben dejar de ser tales para convertirse en jueces de garantías. Aquí, mi experiencia como juez de instrucción me avala para afirmar que deben ser los fiscales los que asuman esa responsabilidad —lejos de la prepotencia y arbitrariedad que algunas veces han caracterizado a algunas o a la mayoría de las investigaciones, dejando en un segundo plano la protección del justiciable— y los jueces los que se dediquen a elaborar una consistente base de protección de los derechos fundamentales en juego.

En todo caso, y mientras esa reforma necesaria se produce, resulta evidente que deben dictarse las normas legales necesarias que delimiten claramente las funciones del juez de instrucción como árbitro o protector de los derechos de las partes implicadas y como investigador en el proceso penal español. En esta doble función, el juez se ve expuesto ante las reacciones indeseables que, además de los efectos que se produzcan en el proceso, puedan determinar la responsabilidad penal del juez.

La instrucción de un proceso penal, para que sea realmente eficaz e independiente y no se halle sujeta al miedo que el juez pueda tener a las reacciones que su actuación produzca, a los efectos de las campañas mediáticas o a la sensación de que pueden actuar en contra del mismo, debe salir del ámbito judicial.

La instrucción, con todos sus componentes, debe estar en manos del fiscal porque otorga mayor protección a la misma, más seguridad, al ser posible la investigación de forma colectiva, con mejor preparación científica y por ser más acorde con el entorno sociopolítico en el que se mueve España. Y, sobre todo, porque sus decisiones, en tanto que afecten a derechos fundamentales, serán revisadas y sometidas al control objetivo del juez de garantías, ajeno por completo a la instrucción y que, por ende, la imparcialidad estará asegurada.

En este punto, debo hacer mención a algo que considero necesario poner de manifiesto. Hay que acabar con la afirmación gratuita y mendaz de que el ministerio fiscal no es independiente. El fiscal tiene suficientes mecanismos legales que avalan su independencia y autonomía.

En todo caso, se deberían diseñar mecanismos de control internos y externos respecto a los cambios de criterio arbitrarios o sin motivación racional y suficiente del fiscal general del Estado, en temas de alcance nacional o de grave trascendencia para la sociedad o por la calidad de las personas o instituciones afectadas, por parte de la Junta de Fiscales de Sala, en el ámbito legal, y por la Comisión de Justicia del Congreso, en el ámbito político, en tanto en cuanto aquél es responsable de los criterios de política criminal que guíen su actuación.

La independencia, en el ámbito judicial, es un valor además de una obligación tanto para los jueces como para los fiscales como garantes que son de la legalidad, pero sobre todo es un compromiso de cada uno de ellos. Pueden existir todas las normas que garanticen la independencia de los jueces y fiscales, pero si éstos o aquéllos renuncian a su obligación de mantenerla, pueden hacerlo y su conducta desnaturaliza el sistema. Pero también la independencia se encuentra amenazada al criminalizarse la discrepancia jurídica y la simple interpretación diferente del criterio de un tribunal superior. Esto puede suponer una carga de profundidad para el propio sistema judicial en tanto en cuanto permite que exista una sumisión acrítica del juez producida por el miedo a la sanción.

La posición de España

El sistema español se sitúa a años luz de otros sistemas jurídicos de organismos internacionales y de otros países que, mientras aquí nos dedicábamos a rencillas internas, han ido configurando un sistema de garantías desconocido en España. La suspensión provisional de la que fui objeto en mayo de 2010, me ha permitido a lo largo de este tiempo conocer sistemas judiciales como el de la Corte Penal Internacional, el de países como Colombia, Argentina, México, Ecuador, Alemania, y Holanda, entre otros, así como la jurisprudencia de organismos internacionales y de derechos humanos, y de todos ellos he extraído una misma y triste conclusión: en su práctica totalidad, son más garantistas que el español. Temas como el de la doble instancia, la imparcialidad objetiva, la aplicabilidad directa de resoluciones internacionales, etc., están más consolidados que en nuestro país.

Lo triste es que el divorcio entre la administración de justicia y sus actores, por un lado, y la sociedad, por otro, pone en riesgo la seguridad de los ciudadanos que no entiendan multitud de resoluciones judiciales amparadas en formalismos incomprensibles que no llegan a explicar las razones de una resolución. Frente a las críticas, se debe suscitar la necesidad de explicación, o en su caso la indagación de las razones por las cuales se ha dictado; pero, desde luego, lo que no se debe producir es la descalificación y el ataque a los que critican la resolución.

En España realmente somos diferentes, tristemente diferentes. Tenemos una especie de ego exuberante que nos lleva de la soberbia al narcisismo y a creernos que somos el centro del universo, entre otras cosas, en la interpretación jurídica y jurisprudencial. Recuerdo que un alto magistrado afirmaba despavorido: «Nadie tiene que venir a darnos clases de cómo se interpreta el derecho en España». Es cierto, pero cada vez más, y afortunadamente la universalización del derecho hace que las fronteras de la interpretación y aplicación del mismo desaparezcan para dar paso a una realidad global.

Pues bien, al respecto debo decir que tal creencia es falsa. La mayoría de las sentencias de cualquier tribunal extranjero o internacional son más completas y complejas que las resoluciones de cualquier tribunal o juez español. La presencia jurídica que en otro tiempo tuvo España en Iberoamérica ya no existe. Si no fuera por la Agencia Española de Cooperación, serían escasísimos los casos de jueces llamados a impartir conocimiento a la otra orilla del Atlántico. El declive internacional de la justicia española es un hecho, acentuado en grandes proporciones desde el momento en que España renunció a liderar la defensa de los derechos humanos y abandonó la bandera de la jurisdicción universal. Los más recalcitrantes positivistas y los que siguen creyendo que somos maestros en algo estarán de enhorabuena. Sin embargo, los que creemos que España nunca debió abandonar aquella posición nos sentimos tristes. La ejecución sumaria de la jurisdicción universal, el cuestionamiento durísimo tras renunciar a la investigación de los crímenes del franquismo, el cuestionamiento también de la independencia judicial y de la libertad de interpretación, y la retransmisión en vivo y en directo de la ejecución de la diferencia y la muerte de la discrepancia, han hecho que perdamos la posición de referentes, y quien vaya a esos países tendrá que sufrir la afrenta de la acusación o la indiferencia frente a sus argumentos.

La presunción de inocencia debe ser el derecho básico en el proceso penal (artículo 24.2 de la Constitución). Un sistema no puede llamarse garantista si prejuzga al acusado o se preestablece la sentencia a través de una instrucción inquisitiva en la que el imputado queda inerme frente a los poderes omnímodos del juez y su culpabilidad se establece prescindiendo del juicio y sobre la base sólo de lo ejecutado por aquél. Ésta es una concepción predemocrática del proceso: la ausencia de medidas que protejan realmente al imputado.

Tampoco se puede hablar seriamente de que existan esas garantías cuando se desconocen los protocolos internacionales que las exigen. Así ocurre con las iniciativas establecidas para prevenir la tortura y los malos tratos en las detenciones incomunicadas en casos de terrorismo. Sólo tres jueces de la Audiencia Nacional las cumplen y una sala las aplica, mientras que los demás hacen alarde de lo contrario, anteponiendo una supuesta eficacia que después se vuelve en contra de los propios investigadores, del propio sistema de garantías procesales y, por tanto, del resultado del proceso, que se ve contaminado de forma definitiva. Bien harían quienes están al frente de la fiscalía y de la sala de lo penal en cumplir y hacer cumplir sin paliativos las recomendaciones internacionales en la materia.

Lo cierto es que, salvo excepciones meritorias, el juez ha renunciado, de hecho, al control de las investigaciones durante la instrucción, que recae, bien en la policía, bien en el fiscal. Se ha producido una especie de burocratización de la justicia que ha llevado al abandono de la proactividad que debe caracterizar a las investigaciones de los crímenes que más afectan a la seguridad de las personas. En estas circunstancias, se impone una revisión urgente de las competencias de la Audiencia Nacional, así como de los requisitos para acceder a la misma y para permanecer en ella. Quienes ocupen ese cargo no deberían permanecer en él más de nueve años. Lo mismo en los Tribunales Superiores y en el Tribunal Supremo, tal como sucede en el Tribunal Constitucional. Mantener otro sistema contribuye a generar espacios de impunidad y corporativismo muy peligrosos para un sistema democrático.

Transparencia de los jueces y del sistema

La probidad en el ejercicio de la función judicial es otro de los desafíos pendientes en España. Si existe un estamento o institución en el que la transparencia y la ética deben brillar, éste es el de la justicia. Sin embargo, las zonas opacas son demasiado frecuentes, contribuyendo a generar una espiral de desconfianza de la sociedad difícil de detener.

Resulta necesario aplicar una serie de medidas que contribuyan realmente a la limpieza del poder judicial y a alejarlo de la influencia ejercida en la actualidad por otros colectivos del mundo de la empresa, la política y la abogacía. La confusión que se produce entre estos ámbitos da la impresión de que está diseñada para obtener posiciones de ventaja ante quien debe mantener la distancia necesaria con aquellos que pueden estar sometidos a su jurisdicción.

El otorgamiento de premios, reconocimientos, así como las participaciones remuneradas de jueces y magistrados en encuentros, cursos y conferencias, seminarios o proyectos dirigidos y financiados por empresas, colegios de abogados o de otros profesionales, entidades de seguros o bufetes de abogados, que tan frecuentes son, resultan inaceptables. Es imposible mantener la imparcialidad cuando se reciben emolumentos de quienes después tienen que actuar en el juzgado o tribunal defendiendo intereses particulares contrapuestos. En tales casos se produce un conflicto de intereses que ni siquiera se produce entre el juez y quien lo apoya o financia, sino entre aquél y la propia sociedad a la que debe defender, y que por esa actitud sufrirá las consecuencias. Lo mismo acontece con la dependencia fáctica de algunos profesionales de la justicia de algún grupo político o económico. Resulta inaceptable la imagen de un magistrado en ejercicio y en el más alto tribunal que, a la vez, desarrolle una función docente como responsable de un área de un *lobby* dedicado a promocionar cursos y conferencias y que está financiado por bancos y entidades privadas y por bufetes de abogados que tienen casos en la jurisdicción del afectado, y que no conste que se abstenga en los casos correspondientes. Pero es que, en todo caso, la imagen que se da resulta inadmisible. Como la que se obtiene con la asistencia masiva de las más altas esferas judiciales a actos, palcos futbolísticos y otros eventos propiciados por particulares o políticos que pueden verse afectados por actuaciones judiciales. No dudo de la honorabilidad de esos funcionarios, pero no está bien. No sólo hay que serlo, sino también parecerlo. En definitiva, lo que se busca es que deje de ser una opción personal y pase a ser una obligación legal.

Recuerdo una anécdota que tuvo lugar en Ginebra con ocasión de mi presencia en esa ciudad para impartir una conferencia en la universidad homónima. Previamente al evento, me invitaron a comer con unos funcionarios españoles de las Naciones Unidas, el vicealcalde de la capital suiza y otros tres jueces. El encuentro fue entrañable y acogedor. Al final del almuerzo, cuando llegó la hora de pagar, la alcaldía dijo que la cuenta corría a cargo del municipio, en mi honor. Sin embargo, los tres jueces, sumándose al apoyo, manifestaron su intención de pagar su parte y así lo hicieron. Ante las protestas del vicealcalde dijeron que no querían estar atados por una invitación el día que tuvieran que decidir sobre asuntos de la alcaldía. Me quedé impresionado y mentalmente lo comparé con lo que sucede en nuestro país. El resultado se lo pueden imaginar.

Otro tanto cabría decir de las asociaciones judiciales, que callan cuando se trata de la financiación de congresos y encuentros, algunos hasta en Cuba; no me consta que los participantes en los mismos se abstengan en los casos que afecten a las entidades financiadoras. O también del sistema de preparación clandestina de opositores por parte de todos los estamentos judiciales, sin que el Consejo General del Poder Judicial se ocupe de realizar una investigación seria de estos extremos. Digamos que son «pequeñas» corruptelas aceptadas y consentidas por todos. No les quepa duda, queridos amigos, de que nada se hará a este respecto.

Por todo lo anterior se impone actuar. El Estado, a través de las instituciones correspondientes, debe poner coto a todo esto en pro de la dignificación de la justicia y regular de manera clara y definida lo que se puede o no hacer, aunque parece que debería quedar erradicado todo aquello que quedara fuera de la producción científica y literaria, la participación *pro bono* en cursos y seminarios y en las actividades del propio órgano de gobierno de los jueces.

La transparencia, por otra parte, debe ser total, y en este sentido cada cargo judicial, al entrar en la carrera judicial y cada cinco años, debería efectuar una declaración de bienes y someterlos al control del organismo correspondiente.

El Consejo General del Poder Judicial

Otro tema sometido a debate en España es el del Consejo General del Poder Judicial y, específicamente, el del sistema de elección de sus miembros. El ala conservadora de la judicatura siempre ha defendido el sistema de elección interno de los jueces. Lógicamente, el principal motivo radica en la propia composición ideológica de la carrera judicial, de mayoría conservadora. Cualquier elección de este tipo supondría el control absoluto por parte de dicho sector. Con ello, quedaría representado el componente ideológico judicial, pero no el que los ciudadanos han elegido democráticamente.

El órgano de gobierno de los jueces tiene sentido en tanto en cuanto preserva y defiende la independencia de éstos con carácter general y con abstracción de su pertenencia o no a una u otra asociación o a ninguna de ellas; al igual que debería defender la institución del jurado cuando es atacada de forma inmisericorde o al juez aunque quien se encuentre enfrente sea el máximo tribunal. La parcialidad en la defensa de esos valores, la inhibición en la meritada defensa, la influencia y/o dependencia de determinados medios de comunicación y el cambio de criterio según el afectado no deberían ser la norma, ni tampoco la defensa corporativa de una institución sin mayor análisis de lo dicho o hecho.

Es llamativo que, ante todo lo que está sucediendo en torno a la justicia española, las críticas de los ciudadanos sean vistas como amenazas al sistema y no como una denuncia de la necesidad de la regeneración del mismo. Quizá el «tsunami judicial» al que se ha referido con ligereza algún alto magistrado no deba dar como resultado, como apuntaba, la persecución penal de ciudadanos que exigen una justicia diferente, ni la descalificación de quienes sin ser jueces o juristas critiquen las sentencias —faltaría más—, sino una reflexión profunda sobre la justicia que tenemos y sus falencias y la que el pueblo necesita y no se le otorga.

En definitiva, lo que procedería es que el CGPJ propusiera una guía ética para jueces y magistrados en la que queden perfectamente definidas las conductas excluidas en el sentido apuntado anteriormente.

Por último, y en cuanto a la forma de elección, no soy partidario de volver al pasado, sino de optar por una mayor legitimación democrática del organismo en cuestión, huyendo de la endogamia que se propone y optando, dentro del sistema parlamentario, por diseñar un control efectivo del mismo por un consejo ciudadano de participación que, a su vez, podría tomar parte en la elección y cese de los vocales correspondientes.

Selección de los jueces

Otro de los temas prioritarios en la justicia española es el de encontrar una fórmula adecuada de selección de los candidatos a la función judicial. Con el actual sistema de oposición (pruebas teóricas), lo único que se acredita es la preparación teórica, que no se convierte en verdaderamente práctica por la concepción de la propia Escuela Judicial. Por el contrario, se impone la búsqueda de un sistema en el que se valoren la experiencia en el mundo del derecho y su práctica, los conocimientos teóricos y su desarrollo previo en otros campos del derecho, de la administración o de la empresa privada, la evaluación psicológica de los candidatos, así como la evaluación cada cinco años, en todos los estamentos, de la función judicial.

La inamovilidad es un principio básico que contribuye a garantizar la independencia e imparcialidad de los jueces, pero su defensa no ampara la imposibilidad de acceder a determinadas esferas judiciales, que se convierten en un espacio impenetrable a cualquier tipo de control.

La participación del pueblo en la justicia

En línea con lo anterior, la Constitución española prevé en su artículo 125 la denominada «acción popular», como un mecanismo de participación del pueblo español en la administración de justicia. Por múltiples razones, esta institución, que desarrolló su aplicación en los años noventa, se ha convertido, incomprensiblemente, en un verdadero instrumento de extorsión económica y política y de ajuste de cuentas. Se ha prostituido el uso de este instrumento y se ha puesto al servicio de intereses particulares oscuros, sin que el poder judicial haya reaccionado con suficiente contundencia para evitarlo.

Esta situación debe acabar y el poder judicial debe descubrir cuáles son los intereses ocultos y cuál es la agenda u hoja de ruta de estos «querellantes populares oficiales». Y, sin entrar a valorar el alcance de la decisión del Tribunal Constitucional sobre la acción popular —que se halla pendiente de resolución—, debería modificarse en todo caso la Ley de Enjuiciamiento Criminal para, además de la exigencia de fianza, requerir como requisitos *sine qua non* la acreditación de la consistencia ética y moral de la entidad o persona de forma objetiva, debiendo expresar cuáles son los fines perseguidos con la acción, y con la expresa prohibición de litigar como acusación particular o defensa, posterior o simultáneamente, en el mismo asunto o en cualesquiera de sus derivaciones y por un tiempo razonable.

Control de la justicia por el pueblo

El último control de toda acción judicial y, por ende, de los que administran justicia debe ser el pueblo.

El poder judicial es el único que carece *ab initio* de una legitimación democrática directa, pues su existencia viene determinada por la Constitución y las leyes. Debe obtener su legitimación a través de cada una de las resoluciones que dicta o pronuncia, y por ello el último control de quienes administran justicia no debería ser ejercido por los propios compañeros, que pueden estar motivados por el corporativismo o, eventualmente, por el odio, el rencor, la simpatía o la antipatía, o cualquier otra circunstancia.

El jurado debería ser competente para conocer los delitos que se imputen a jueces o magistrados, evitando así las situaciones confusas y parciales que puedan presentarse, la inexistencia de un órgano judicial que juzgue con independencia a los miembros del Tribunal Supremo y dando sentido al principio constitucional de que la justicia emana del pueblo.

Es tiempo ya de que la justicia democrática asuma el papel que le corresponde en una sociedad a la que debe proteger, huyendo de las falsas afirmaciones de que el pueblo no está capacitado para asumir ese cometido. Frente a esto se puede afirmar que, si el pueblo está preparado para soportar los efectos de una crisis económica galopante que lo mantiene noqueado en un rincón del cuadrilátero, no debe abusarse de él, manteniéndolo apartado de lo que debe ser un principio básico de convivencia y participación en la función judicial.

Una justicia verdaderamente democrática no puede ser una utopía, sino una realidad tangible que el ciudadano sienta como algo propio, algo con lo que empodera a un conjunto de personas para que le defiendan y protejan y diriman los conflictos del resto. En definitiva, se trata de superar el viejo dogma de que la justicia no está para servirse del pueblo, sino para servir a la sociedad que lo integra, como máximo escalón jerárquico de la pirámide judicial.

El poder de la corrupción

Hoy, la corrupción, tanto la que afecta al sector público como al privado, es uno de los mayores desafíos a los que se enfrentan las sociedades, tanto las más avanzadas como las menos desarrolladas. En ambos casos supone un riesgo que afecta a la esencia de los valores democráticos, en un triple sentido:

1. Los principios de mercado, en los que se asienta el poder económico y financiero de los estados y la sociedad civil, se ven alterados, pudiendo verse comprometidos los mercados internacionales. Ténganse en cuenta los recientes acontecimientos financieros que han afectado a los mercados y economías mundiales, todavía no superados.
2. La quiebra y pérdida de los valores de confianza y respeto de los ciudadanos en las instituciones públicas y privadas.
3. El peligro de infiltración de los grupos organizados en las estructuras de los poderes del Estado, que en definitiva puede suponer un ataque o menoscabo de los principios de libertad, seguridad y justicia.

La corrupción, sobre todo y con independencia de su clase, es un fenómeno que genera injusticia y desigualdad entre los ciudadanos y, por ende, desconfianza entre los mismos y las instituciones que los representan. Así, ante la falta de respuestas adecuadas por parte de quienes tendrían obligación de perseguir las prácticas corruptas y no lo hacen, se presume la corrupción del sistema.

De esta forma aumenta el desinterés por la defensa de lo público y la apatía ante la necesidad de generar un rearme ético que tenga como base la educación y el aprendizaje y que sirva para hacer frente al fenómeno a medio y largo plazo.

La corrupción política de la mano de la económica se traducen en una especie de privatización del Estado. Los servidores de éste pasan a ser «dueños» de los servicios públicos que gestionan, tomando así fuerza el concepto de patrimonialización de los mismos, en detrimento de la idea democrática de atención al ciudadano que debería regirlos.

Si uno de los significados de la corrupción es «la utilización de un cargo público en beneficio propio», tendremos que asumir que las ganancias que consiguen los corruptos con sus actividades perjudican a todos los ciudadanos en general, por cuanto suponen o generan una especie de «impuesto implícito» al que se refiere Jesús Lizcano, responsable de Transparencia Internacional (*El País*, 08-09-2011) cuando habla de sobreprecios en las obras y servicios públicos.

Si, además, se añade que el objeto de la corrupción, en el sentido del bien producido, objeto de consumo, carece de los controles de calidad adecuados o de la seguridad precisa y eso perjudica a los ciudadanos, la pregunta es: ¿Cómo a pesar de ello la corrupción es algo consentido o disculpado por aquéllos, en España en particular, hasta el punto de no castigar a políticos corruptos en las urnas, o asumiendo que todos son iguales? ¿Cuál es la causa real y verdadera por la que partiendo de esa realidad, importe o se valore más que no te sorprendan al hecho mismo del comportamiento corrupto? Es decir, se descubre en forma muy preocupante que la corrupción es un fenómeno que, aunque rechazado en las encuestas, es aceptado socialmente en España, y ha supuesto la creación de una clase de personas que viven de la sumisión de la política a los intereses particulares y una relajación peligrosa en la persecución del fenómeno, instalándose en la teoría, inaceptable en una democracia moderna, de que para que el sistema funcione bien tiene que ser, al menos, relativamente corrupto.

En el barómetro de junio de 2011, publicado por el Centro de Investigaciones Sociológicas (CIS) de España, se recogen preguntas sobre la percepción de la corrupción en general y de la corrupción política en particular, centrándose en qué actuaciones se consideran bajo este concepto y cuáles son las que se consideran las fuentes, y las principales medidas para combatir la misma.

Así, la corrupción y el fraude aparecen en la séptima posición como uno de los tres principales problemas que existen actualmente en España, y el quinto lugar en el ranking del principal problema.

El 85 por ciento de los encuestados consideran que la corrupción está bastante o muy extendida, al tiempo que el 61,6 por ciento de los encuestados piensan que los españoles son tolerantes con la corrupción política.

Prácticamente no hay diferencias en la percepción sobre la corrupción en lo que compete a los ayuntamientos, gobiernos autonómicos y la administración central. Se percibe que la corrupción está muy o bastante extendida (promedio de un 74 por ciento).

En lo referente a la construcción y la concesión de obras públicas, existe una percepción alta de corrupción, el 81,1 por ciento y el 85,3 por ciento, respectivamente.

En el ámbito de la lucha contra el crimen organizado, el 46,3 por ciento de los encuestados percibe que la corrupción está muy o bastante extendida.

Por último, por colectivos, la percepción es que los políticos y los empresarios son los más corruptos: el 86,6 por ciento y el 69,3 por ciento, respectivamente; los policías se perciben en un 45,5 por ciento como corruptos y el 63 por ciento consideran a los jueces corruptos.

La lucha contra la corrupción debe desarrollarse, tanto desde un punto de vista preventivo, a través de la identificación de las áreas proclives a la misma dentro de las administraciones estatales, regionales y locales, como represivo, mediante investigaciones policiales y judiciales minuciosas, prolongadas (lo que no quiere decir eternas, porque ello contribuye a consolidar el fenómeno) y complejas. Estas investigaciones se deberán dirigir a demostrar la correspondiente tipificación penal de los hechos, como a la eliminación de las ventajas patrimoniales que pueden obtenerse, mediante el establecimiento de un sistema eficaz de comiso.

La corrupción se presenta como un instrumento idóneo de la delincuencia organizada, y ésta recurre a aquélla con un doble objetivo:

- Preservar la inmunidad del grupo o de sus miembros individualizadamente, frente a la acción policial y judicial.
- Llevar a buen fin los negocios de la organización, obteniendo trato favorable de la Administración en cuestiones como la consecución de licencias o de permisos administrativos de cualquier tipo, aspectos fiscales, etc.

En un informe del Observatorio de Responsabilidad Social Corporativa, hecho público en 2011, se resaltaba que —en forma directa o a través de sus dueños más importantes—, todas las empresas del IBEX 35 tienen vinculación patrimonial con empresas domiciliadas en paraísos fiscales.

Al final, lo que abonan las grandes empresas en comisiones y sobornos no supone ningún beneficio para los países (en desarrollo) en los que existen el recurso natural explotado o la fuente de riqueza, sino un aumento de las cuentas bancarias de los gobernantes (Túnez, Egipto, Guinea...) situadas, normalmente, en paraísos fiscales o territorios *offshore*, que a su vez dicen cumplir la normativa internacional en la materia y de los que se aprovechan los sistemas económicos de esos países, que, de alguna forma contribuyen a la degradación de la propia sociedad a la que sirven. Las conexiones de países como Estados Unidos, Gran Bretaña, Francia, Italia o España con el régimen libio de Muhamar El Gadaffi es buen ejemplo de ello.

Realmente, hoy, en pleno siglo XXI y con la crisis económico-financiera que nos ahoga, generada por las mentiras e incompetencia de quienes han dirigido la economía y las políticas de los diferentes países desarrollados que sustentan el sistema, resulta groseramente inmoral que los gobiernos no se hayan puesto de acuerdo para acabar con esas zonas de opacidad fiscal o de deslocalización de empresas o de colocación de residencias fiscales a conveniencia o de la existencia de grandes cuentas nacionales ocultas en el extranjero (véase, como botón de muestra, el caso Gürtel), bajo el pretexto de que sin esos obsequios fiscales, o sin las políticas contra los trabajadores, las privatizaciones (con la generación de una nueva casta empresarial floreciente) y su manga ancha con el mercado negro y los paraísos fiscales, el capital y sus gestores se fugarían en masa al extranjero. Pero, a pesar de ello, y como antes decía, las grandes fortunas buscan un cómodo refugio en sistemas con controles fiscales más laxos, institucionalizando la evasión fiscal organizada con una aquiescencia perniciosa.

Según el G8, la lista oficial de paraísos fiscales es de 42, en tanto que la OCDE habla de 47 (ni siquiera aquí se ponen de acuerdo), lo que, sin duda, se aprovecha para que los sesudos asesores vean la oportunidad de negocio «legal» en el traspaso de un punto a otro de la cuenta o la sociedad, por supuesto, por medio de fiduciarios, entidades interpuestas o instrumentales que hacen imposible saber quién está detrás.

La pregunta es: ¿si todo es transparente, si el sistema no es perverso en sí mismo, por qué se oculta?

Lo cierto es que, como resalta la economista Ángels Martínez i Castell (*Reacciona*), los especialistas fiscales cifran, al menos, en 70 los refugios para los grandes fraudes. Según Krätke, los ricos y los muy ricos tienen como media más de un 30 por ciento de su patrimonio colocado en refugios fiscales a salvo de las insolvencias y volatilidades a las que puede ser sometido en el país de residencia.

Aproximadamente el 23 por ciento de todos los depósitos bancarios del mundo se hallan en paraísos fiscales. Entre 11 y 13 billones de dólares, en capital y patrimonio de todo tipo, están escondidos en territorios *offshore*, por los que pasan casi el 50 por ciento de las transacciones financieras transfronterizas mundiales. Sumadas todas las variables, un cálculo prudente indica que los estados dejan de ingresar entre 250.000 y 300.00 millones de dólares anuales.

La pregunta es: ¿por qué sucede esto? ¿Acaso no sería incluso más lógico e igualitario exigir reglas transparentes e idénticas en todas las transacciones previa abolición de todos los paraísos fiscales, de manera que la regularidad jurídica se instaurase y la económica se humanizara?

La respuesta positiva, siendo lógica y justa, está lejos de producirse. Por el contrario, aquel sistema se consiente e incluso se auspicia, y refleja los comportamientos intrínseca y éticamente corrompidos en quienes tienen posibilidades de solucionarlo y no lo hacen.

Cuando esto sucede, puede afirmarse que la globalización económica que lo consiente integra una especie de desarrollo social y económico corrompido, en tanto en cuanto oculta y prescinde de los valores básicos que deberían vertebrar a esa sociedad y constituir la base ética de la misma y su prosperidad, y visibilizan y potencian los que favorecen al capital y perjudican los componentes de una comunidad que debería ser universal.

Junto a la ausencia de fronteras para los movimientos de capital, se potencian las alambradas electrificadas y los muros que impiden los movimientos humanos a través de las migraciones.

Éstas, que a lo largo de la historia de la humanidad, han sido las que llevaron progreso, cultura y humanidad, se han convertido ahora en el enemigo público número uno de la «paz social» y del progreso de las sociedades desarrolladas; y, sin embargo, el capital campa a sus anchas a velocidades supersónicas produciendo estragos e injusticias, cuyas consecuencias las estamos viviendo, en forma cruel e inmediata, todos los días.

Estos movimientos, en manos de unas cuantas corporaciones multinacionales e instituciones financieras han decidido y han conseguido —ante la pasividad de la acción judicial, con la aquiescencia de los gobiernos democráticos y de los países más poderosos y la complicidad de los organismos supranacionales— que, a veces, hayan actuado como agentes al servicio de aquéllas, controlando el mercado y determinando el nivel de vida y la supervivencia de millones de personas en todo el mundo.

¿Y ahora qué?

La salida de esta crisis sistémica y lo que es más importante la recuperación de la credibilidad en las instituciones y del sistema democrático no debe pasar por las soluciones de quienes provocaron la situación que hoy vive el mundo; por el contrario, debemos aspirar a algo diferente y revolucionario que dé un nuevo sentido a las sociedades y a la comunidad humana. Como apunta el catedrático de economía aplicada de la Universidad de Sevilla Juan Torres López (*Reacciona*) «las mentiras y el fraude están claros y lo que se debe hacer también, es dar la vuelta a lo que nos vienen diciendo. Es decir, frenar el poder político de la banca, impidiendo que acumule privilegios económicos y que se adueñe de los medios de comunicación y de las universidades. Es urgente someter las finanzas a la voluntad ciudadana y a las necesidades sociales, primar la creación sostenida de riqueza, tasando las transacciones financieras y centrando los conocimientos especulativos de capital, imponer principios imperativos de justicia fiscal global y someter todas las decisiones económicas al debate social auténticamente democrático y participativo». Hay que poner nombre y apellido a los mercados y a quienes los califican y gobiernan con el fin de comprobar con qué parámetros se guían, cuáles son sus objetivos y ganancias y sobre todo establecer las responsabilidades por el trastorno económico y social que una sola decisión arbitraria de aquéllos puede producir en la supervivencia de un país. El silencio del sistema judicial en este tipo de casos es clamoroso.

Un poder judicial y un ministerio fiscal independientes constituyen el baluarte sobre el que se apoya la adecuada gobernabilidad de un país y, por ello, esa independencia debe proclamarse, tanto del poder político (ejecutivo, legislativo, los propios partidos políticos) como del económico (entidades financieras, bancos, corporaciones empresariales) en un espacio globalizado en el que el primero ha pasado a ser, de hecho, dependiente del segundo detentado por una serie de corporaciones que, en definitiva, son las que controlan o pretenden controlar el desarrollo del mismo.

La pasividad del estamento judicial, la eventual falta de independencia del mismo, su inadecuado diseño para enfrentar esta nueva situación y para perseguir los grandes crímenes, entre otros factores, contribuyen, en España, a la consolidación de esos espacios de impunidad y al aumento de los grandes fraudes económico financieros que socavan la democracia y atacan a la humanidad y a su propia supervivencia, determinando con ello que el propio sistema democrático se corrompa y sucumba ante los depredadores que lo acechan.

De ahí la necesidad de actuar y exigir esos cambios fundamentales (algunos de los cuales se han enumerado aquí) en un poder que constituye la columna vertebral de la democracia para que aquél disfrute de la legitimidad, credibilidad y respeto de los ciudadanos que integran el pueblo en el que reside la soberanía.

Conclusión

Muchas son las cosas que se pueden decir de la justicia en los diferentes ámbitos a los que extiende su actuación. En este breve trabajo he querido limitar mis reflexiones a un espacio que me es más próximo y que considero fundamental para la convivencia ciudadana. Como el título de este libro indica, debemos actuar. Aquello que no exijamos no nos lo va a dar nadie; al contrario, puede haber muchos que aprovechen la prioridad de las cuestiones y necesidades económicas para introducir retrocesos en las conquistas realizadas en el ámbito de la protección de los derechos fundamentales.

Este pequeño opúsculo ha pretendido poner de manifiesto algunas realidades que perjudican a la acción de la justicia y proponer algunas ideas que puedan ser utilizadas para mejorar el servicio público de la justicia. Espero que, por lo menos, susciten algún interés más allá del que las ha escrito.

3

LA REFUNDACIÓN DE LA DEMOCRACIA

Juan Luis Sánchez

Juan Luis Sánchez (Sevilla, 1983) es periodista. Publica habitualmente reportajes sobre sociedad, política y redes, y es especialista en contenidos digitales y nuevos medios. Es cofundador del medio digital *Periodismo Humano* y fue su editor hasta enero de 2012. Su cobertura informativa del movimiento 15-M ha sido publicada y referenciada por decenas de medios españoles e internacionales, como el *New York Times* o el *Washington Post*, documentales y estudios sobre comunicación. Ha sido reportero en Kosovo, Marruecos, el Sahara y España. Dirige proyectos de formación en comunicación digital y es colaborador de la Cadena SER, donde antes fue redactor de informativos.

Blog: http://www.juanlusanchez.com
Twitter: @juanlusanchez

Tolón, sur de Francia. El sol de otoño sostiene veintiún grados de temperatura, las montañas alpinas contienen el viento y sobre la Costa Azul no se ven posibilidades de lluvia. De madrugada ha refrescado, pero es un día agradable; si el clima se pudiera configurar por ordenador, la combinación de esta tarde vendría, con efectos sonoros de pajaritos incluidos, en la plantilla «día para enmarcar». Y precisamente eso es lo que Nicolas Sarkozy quiere que sea este 25 de septiembre de 2008: su día para la historia.

Aparece en el escenario sobre las seis y media de la tarde. Quiere cambiar el mundo. Viene de recibir a Hugo Chávez en el Elíseo y en unos días estará charlando con el jefe de Estado de la India. Son reuniones importantes, de las que marcan las relaciones internacionales, ya se sabe. Pero esa tarde él quiere cambiar el mundo de verdad. Apuesta por una imagen sobria: camisa blanca, traje y corbata negros; sus asesores, por una lona azul gigante para el decorado, tan alta como lo permite el pabellón y tan ancha como todo el estrado, para siluetear su apretada figura en la inmensidad del color. Él, un atril, una bandera de Francia y las estrellas de la Unión Europea.

«El *laisser-faire* se ha acabado»,[1] dice Sarkozy para cambiar el mundo ese 25 de septiembre de 2008, poco después de la caída de Lehman Brothers. «La idea de que los mercados siempre tienen la razón es descabellada —proclama—. Se ha permitido que los bancos especulen en vez de hacer su trabajo y se ha financiado al especulador y no al inversor —condena—. ¡Es una locura y hoy pagamos por ello! —sentencia con tono firme y grave—. La autorregulación para resolver todos los problemas se ha acabado —afirma, y sostiene la mirada—. Hay que refundar el capitalismo sobre bases éticas», dijo esa tarde para cambiar el mundo. Sí, fue esa tarde.

Fundido a negro.

Tolón, sur de Francia. Tres años después. Sarkozy elige la misma camisa, la misma corbata, el mismo traje. Sus asesores, el mismo escenario, el mismo fondo azul, la misma bandera, el mismo atril. Pero es el 1 de diciembre de 2011 y el presidente francés ya no quiere cambiar el mundo. «El Estado no puede ser una ventanilla que diga que sí a los que bloqueen y protesten más —dice—. Me reuniré con Merkel para garantizar el futuro de Europa —anuncia—. La jubilación a los sesenta años y las treinta y cinco horas semanales [que tenían los franceses] han sido errores muy graves por los que hoy pagamos las consecuencias», afirma.[2] Aquel 1 de diciembre, tres años después de anunciar la refundación del capitalismo, Sarkozy constató la refundación de Europa y la claudicación ante los mercados. Al día siguiente, las temperaturas en Tolón bajaron ocho grados de golpe y comenzó a llover. Era invierno.

FIN.

El Sarkozy de 2008 era un Sarkozy improbable. Él, ministro de Economía francés entre 2002 y 2004, negando la doctrina de los mercados. Él, conservador, neoliberal, reconvertido a keynesiano.

Para la imaginación queda la historia de cómo Sarkozy volvió a ser el hombre previsible del invierno de 2011, pero sí que sabemos que en aquel arrebato de «mesianismo»[3] el presidente francés entregó al mundo una confesión involuntaria sobre la responsabilidad de la crisis, implicando a los gobiernos más poderosos: admitió que «durante varias décadas» se habían «creado las condiciones que sometían la industria a la rentabilidad financiera», «incitando y ocultado los riesgos crecientes para obtener réditos cada vez más exorbitantes».

Reconoció que «se ha fingido» al hacer creer a los ciudadanos que la situación era segura y que se han impuesto «reglas contables» que «agravan la situación en vez de amortiguar el choque».

Con esa confesión encima de la mesa, la lógica decía que las piezas del dominó tenían que empezar a caer: primero, depuración de responsabilidades de los arquitectos económicos de la gran estafa; luego, asunción del fracaso político, especialmente de los partidos que siendo de corte progresista jugaron a la especulación; más tarde, el descrédito de los académicos de la desregulación y el reconocimiento de aquellos teóricos que llevaban décadas augurando el crac, y, finalmente, democracia para salir del atolladero sin que cargaran con el drama los que no lo provocaron.

Y las piezas del dominó, puestas de pie y en fila por todo el tablero político europeo, empezaron a caer, sí, pero en la dirección contraria a la de la justicia y la democracia. Comenzaba el gran secuestro.

Pulpo como animal de compañía

La refundación del capitalismo de Sarkozy, coreada por Obama, Zapatero y varios líderes más, es uno de los últimos capítulos de la era de la ingenuidad de la capacidad política, esa en que se creía que los presidentes de las potencias mundiales eran los hombres y mujeres más poderosos de la Tierra. Así eran vistos por la mayoría de quienes les adulaban y atacaban. Eran líderes o villanos, héroes o culpables. El trono y la diana.

Como escribió el sociólogo José Luis de Zárraga, quienes «creyeron que esa refundación era posible» ignoraron, por un momento, «los límites del sistema y la correlación de fuerzas que determina quién manda realmente».[4] El poder económico aplica más o menos fuerza a su antojo sobre el cuello del poder político: «Los estados, dentro del sistema, no pueden nada frente» a esta potencia, que puede «hundir la economía de cualquier país» pero también «comprar voluntades políticas, medios de comunicación, instituciones y grupos de presión que manipulen según sus intereses a parlamentos y opiniones públicas».

Cuando cae Lehman Brothers, cuando estalla la crisis y se descubre dónde estaba la bolita de los trileros financieros, éstos comienzan su misión más compleja: resistir y vencer. Se les dice que se les ha acabado el chollo y responden en su lengua materna: la de los despachos, la opacidad mediática y los ataques en bolsa.

El mensaje es contundente: el juego de la democracia ahora depende de ellos, y sin ellos o contra ellos no se juega. Que sí, que han hecho trampas, pero que el Scattergories es suyo.[5] Y el mundo empieza a aceptar pulpo como animal de compañía.

«El león no se preocupa de lo que puedan pensar las ovejas»

Reaccionaron. Cientos de miles de personas salieron a la calle, primero en España y luego en el resto del mundo, para exigir un sistema de gobierno más digno, más honesto, más real. Fue una demostración de la fuerza de la sociedad en red, del nuevo poder ciudadano global que reclamaba una reformulación de la política, una independencia de la democracia, una condena a la especulación.

«El león no se preocupa de lo que puedan pensar las ovejas»[6], le dice Tywin Lannister, personaje de ficción de la serie *Juego de tronos*, a su hijo Jaime, inquieto por su fama de despiadado sin escrúpulos entre los habitantes de su reino. Sin ceder al escándalo, el mercado ha empujado a los gobiernos a una espiral dramática de recortes y retrocesos en los derechos y en el bienestar de la sociedad.

«Bravo Presidente!»

«Bravo Presidente! Felicidades por tu intervención y por impulsar medidas que son imprescindibles. Un fuerte abrazo.»[7]

Es el SMS que recibe en su teléfono móvil José Luis Rodríguez Zapatero el 12 de mayo de 2010, justo después de anunciar «cueste lo que me cueste» el recorte histórico del gasto social que cambiaría para siempre su carrera política y la vida de muchas personas. El que firma el SMS es David Taguas.

David Taguas había sido hasta 2006 subdirector de Estudios del BBVA. En 2006, salió por la puerta del banco español y entró por la de la Moncloa como director de la Oficina Económica de Zapatero, coincidiendo con el momento de expansión más evidente de la burbuja inmobiliaria. Año y medio después, David Taguas abandonaba el gobierno para ocupar la presidencia de SEOPAN, la patronal de las empresas de la construcción en España.

Pero la realidad siempre se supera, y el caso de Taguas se queda en segundo plano si lo comparamos con el glamur de tener al director —hasta su quiebra— de Lehman Brothers en España y Portugal como ministro de Economía y Competitividad. Luis de Guindos es el penúltimo embajador de los mercados en los gobiernos europeos más débiles, de la misma manera que el ministro de Defensa, Pedro Morenés, es un buen representante de los intereses de la industria de la guerra. Morenés ha sido presidente de MBDA, uno de los mayores fabricantes de misiles del mundo; y de Segur Ibérica, la empresa de seguridad privada que fue contratada para proteger a los barcos españoles frente a las costas de Somalia; y consejero de Instalaza, la fábrica aragonesa de bombas de racimo, cerrada cuando éstas fueron prohibidas por crueles en España, como en medio mundo, y que tenía clientes tan ilustres como la Libia de Gadafi.[8]

Reforma constitucional liberal y sin referéndum

Zapatero llevaba en su programa electoral de 2004[9] la reforma de la Constitución en cuatro puntos: la igualdad de sexos en la sucesión a la Corona, la reforma del Senado, la inclusión del nombre de las comunidades autónomas y la mención a la Constitución europea. Nunca ocurrió.

Sin embargo, a finales de agosto de 2011, el presidente del gobierno anuncia en el Congreso que, de acuerdo con el Partido Popular, se iba a aprobar una reforma de la Constitución de 1978 para fijar a corto plazo un máximo del 0,4 por ciento en el déficit que pueden alcanzar las administraciones y, además, establecer como prioridad absoluta el pago de la deuda pública y de los intereses. La medida rompía dos dogmas, uno ideológico y otro institucional.

Ideológicamente, el PSOE renunciaba al déficit como herramienta para contener el drama social en momentos difíciles. Si en un futuro próximo España debiera lo que ya debe y, a la vez, la seguridad social quebrara, la prioridad constitucional sería devolver primero los préstamos a los mercados y luego la asistencia social. Sólo una mayoría absoluta del Congreso —es decir, el PP unilateralmente a día de hoy o un pacto entre PP y PSOE en otra situación probable— podría hacer una excepción en caso de «situación de emergencia extraordinaria que escape al control del Estado».[10] Fue lo que algunos analistas, y muchos notables socialistas[11], equipararon a entregar la llave de las políticas sociales a «la derecha».

Pero la llaga más sangrante sobre la que se posó el dedo de la reforma pactada por PP y PSOE fue de concepto político: por un lado, desbarataba el consenso constitucional dejando fuera al resto de las corrientes políticas que en su momento pactaron el texto de 1978, y, por otro, lo hacía sin consultar a los españoles en referéndum.

Es cierto que para este tipo de reforma no es obligatoria la consulta, como no lo fue en 1992 para adaptarla al Tratado de Maastricht, pero en la gente había calado la sensación de que para cualquier modificación sustancial de la Constitución habría que preguntar al pueblo, y que eso era lo que había frenado los cambios prometidos sobre el Senado o el machismo en la Monarquía.

Mientras las plazas de España se llenaban de personas exigiendo una democracia más honesta, mientras en los foros de investigación política se hablaba sobre «gobierno abierto» o del uso de la tecnología para aumentar la participación ciudadana, mientras se calibraba hasta qué punto el 15-M influía en los partidos políticos en precampaña, el gobierno descartaba el referéndum para una reforma profunda, con consecuencias en los presupuestos de todas las administraciones en la próxima década y sin más intención real que la de rendir sacrificio a los mercados. Con el único objetivo de parecer un país serio que paga sus deudas, se reformó la Constitución en dos semanas y sin debate público.

Pánico a la democracia en Grecia

El proyecto europeo, la democracia occidental, entra en el siglo XXI negando dos referéndums. El ex primer ministro griego Yorgos Papandreu será recordado por tener que desconvocar una consulta popular por la presión internacional.

La Eurozona había instado a Grecia a realizar otro recorte durísimo de 130.000 millones de euros a cambio de una condonación de la mitad de la deuda que el país tiene contraída con los bancos, fundamentalmente alemanes y franceses. Papandreu decidió someter ese acuerdo a la votación de los griegos.

Pocos analistas defienden la gestión política de la crisis de este socialdemócrata, hijo y nieto de otros dos ex jefes de Gobierno en Grecia. La mayoría no ve su convocatoria de referéndum en una apuesta sincera por la voluntad del pueblo sino a una pirueta explosiva en busca de su supervivencia en el poder.[12]

Pero más allá de la intención de Papandreu hay un hecho incontestable: el simple amago de preguntar a la gente qué opina del precio colectivo que pagar en la crisis social más importante que se ha vivido en décadas, provoca pánico. Pánico a la democracia no sólo en los mercados, que castigaron con fuerza a las bolsas de Madrid, Milán o París al conocerse la convocatoria,[13] sino también en las instancias de poder de la Unión Europea, que iniciaron una campaña de amenazas[14] a los que osaran negar sus tesis sobre cómo salir de la crisis de deuda.

No es la primera vez. La tradición tecnocrática, elitista y conservadora de la UE suele ampararse en que el proyecto europeo es difícil de explicar para actuar de espaldas a la sociedad cuando el discurso romántico y el «Himno de la alegría» no son suficientes para guiarla. En el recuerdo reciente están la Constitución europea y su aprobación camuflada[15] tras la falta de entusiasmo en España y los votos en contra de los referéndums de Francia y Holanda.

Cuando Papandreu anunció el plebiscito de 2011, el 60 por ciento de los griegos rechazaban las condiciones del rescate, sí, pero también es cierto que el 70 por ciento querían seguir en el euro.[16] ¿Cómo se podría haber deshecho ese nudo por la vía de la democracia sin renunciar al referéndum? La única vía es explicar, convencer, hacer pedagogía y aceptar la derrota si llega. Pero cuéntale tú esas milongas al Deutsche Bank.

Yorgos Papandreu convocó el referéndum un lunes. El jueves ya se había echado atrás.

Goldman Sachs, República Federal

Lo que el sentido común no había logrado en dos décadas, lo logró el mercado: Silvio Berlusconi dimitió días después del cese de Papandreu, en noviembre de 2011. No fue derrotado en las urnas, ni por la presión de la justicia italiana, ni avergonzado por su machismo, sino que fue abatido en el mercado de deuda soberana.

Cuando se ganó la batalla contra Papandreu se acabaron los juegos estéticos. Los gigantes financieros importaron su estrategia de Estados Unidos y se lanzaron a recomendar sin miramientos a personas de su confianza para garantizar la estabilidad. Goldman Sachs afirmó que la prima de riesgo italiana se reduciría solo si el nuevo primer ministro era «una personalidad externa y capaz».[17]

Lukas Papadimos en Grecia y Mario Monti en Italia fueron los elegidos. Dos tecnócratas vinculados a Yale y a Harvard, los centros de pensamiento de la gran estafa.[18] El primero, vicepresidente del Banco Central Europeo desde 2002 hasta 2010; el segundo, consejero de Goldman Sachs cuando el banco norteamericano ayudó al gobierno griego a ocultar sus cuentas reales en la primera década del siglo. Ninguno de los dos ha sido elegido para su cargo en las urnas y, como Monti no tenía el escaño necesario desde el que ejercer como primer ministro, fue nombrado senador vitalicio, un privilegio concedido a dedo por el presidente y reservado a ex jefes de Estado y figuras notables del país.

Pero el desembarco de Goldman Sachs en las instituciones europeas ni empieza ni queda ahí. También Mario Draghi, nuevo presidente del BCE, o el jefe del Fondo Monetario Internacional en Europa hasta hace unos meses fueron altísimos directivos de Goldman Sachs. Y hay un largo etcétera del «inside job» europeo.[19]

Otra de las condiciones que ha tenido que aceptar Grecia para poder recibir parte de su rescate a cuentagotas es que el dinero europeo vaya a parar a una cuenta bancaria bloqueada, que sólo se puede usar para pagar la deuda, y supervisada por una oficina conjunta abierta en Atenas por el Fondo Monetario Internacional, el Banco Central Europeo y la UE.

Que un proyecto europeo común requiere que los estados cedan soberanía es indudable. Pero, visto el papel desempeñado en esta crisis por las únicas instituciones europeas que han sido elegidas por sufragio (el Parlamento y la Comisión, por ejemplo), la pregunta no es si queremos ceder soberanía sino a quién se la estamos cediendo.

España, un retroceso de treinta años

Son las once y media de la mañana del 19 de febrero de 2012. Los vagones de la línea roja del metro de Madrid están inusualmente llenos para ser domingo. La gente, que sube en pequeños grupos, busca miradas cómplices. Comienzan las conversaciones entre extraños, tanteándose. Se habla de política. Sí, todos van a lo mismo, a la manifestación contra la reforma laboral aprobada por el gobierno de Rajoy.

De pie, agarrada a una de las barras del vagón, una señora de unos sesenta años abandona la conversación con su hija y su hermana para detener los ojos sobre otra mujer de la misma edad, más castigada por el tiempo, que está sentada en silencio. «¿Es? Sí, sí que es», piensa.

—Hola, ¿te acuerdas de mí?

—¡Anda! Madre mía... ¡qué alegría verte!

—¿Qué tal estás?

—Pues aquí, míranos... aquí estamos, treinta años después.

—Sí... treinta años después y vamos a lo mismo, ¿no?

—Sí, a lo mismo. Vamos, yo ya no por mí, sino por mis hijos.

—Pues como yo, hija. Hemos retrocedido treinta años de un plumazo...

Y entrelazan recuerdos confusos de política en la clandestinidad del franquismo, de noches en el calabozo y despidos fulminantes por defender los derechos exigidos entonces, algunos perdidos ahora.

Mariano Rajoy, a bordo del Delorean[20] de la política, se ha montado su propio regreso al futuro para cebar la ansiedad de los mercados y poner en marcha medidas que hacen perder derechos a los ciudadanos que les costará mucho volver a recuperar.

¿Cuánto puede retroceder la sociedad en un año? Siete ejemplos

Sobre algunos pasamos de puntillas porque tocan temas que otros autores de este libro explican extensamente, pero valga como una foto del adelgazamiento de lo público y lo social. No me guarden rencor por el ejercicio de masoquismo que vamos a hacer.

1. *El despido, en manos de auditoras privadas*

Uno de los aspectos de las nuevas reglas del juego del mercado de trabajo es que permite a las empresas recortar su plantilla si caen los ingresos durante nueve meses consecutivos. ¿Y quién decide si las cuentas de estas empresas son reales o se están maquillando para justificar los despidos?

Como explica en su blog el periodista de investigación Daniel Montero,[21] la capacidad de despido va a depender de las cuentas que las empresas presenten en el Registro Mercantil. «Esos números, por mucho que se controlen, no se los cree nadie: ni los inspectores fiscales, que las auditan cada cierto tiempo, ni los inversores, que conocen perfectamente los agujeros para enmascarar beneficios, ni los directivos de la competencia, ni los trabajadores de esas propias empresas.» ¿Quién hace esos números? Sólo cuatro empresas auditoras: Pricewaterhouse-

Coopers (para la que trabajaba Luis de Guindos hasta ser nombrado ministro, tras el cierre de Lehman Brothers), Deloitte, KPMG y Ernst & Young. Estas cuatro consultoras copan el 91 por ciento de las auditorías contables de las empresas de todo el mundo; y para hacerlo, claro, cobran de las mismas empresas a las que auditan. «¿En qué cabeza cabe que la persona que tiene que ser examinada sea la que pague regularmente al examinador? Pues en el mercado financiero es así», dice Montero.

2. *Capital riesgo invirtiendo en tu salud*

CVC Partners Capital es un fondo internacional de capital riesgo que, entre otras cosas, invierte en empresas de sanidad privada que gestionan hospitales públicos para luego vender su participación y obtener beneficios a corto plazo. A principios de año negociaba la compra de Ribera Salud,[22] empresa que ya atiende al 20 por ciento de la población en la Comunidad Valenciana y participada hasta ahora por dos cajas de ahorros, la CAM y Bancaixa. La negociación no fraguó, pero CVC Partners Capital controla, a través de la empresa Capio, una treintena de hospitales en España.

La entrega progresiva a manos privadas de la sanidad de los españoles en muchas comunidades autónomas es un hecho. Las dos fórmulas principales: ceder la gestión de los centros sanitarios a empresas, que, como vemos, van sofisticando su forma de financiación, y empobrecer la atención pública para derivar la demanda hacia clínicas privadas.

Hay otros casos que resumen este modelo dual, como el del hospital comarcal de La Seu d'Urgell, público pero gestionado por una entidad privada, en este caso el obispado.[23] Como en el resto de los centros concertados catalanes, los gestores decidieron a mediados de 2011 cerrar los quirófanos por las tardes a causa del tijeretazo de la Generalitat. Meses después, en La Seu d'Urgell se comenzó a operar por las tardes a los pacientes de la lista de espera pública que estuvieran dispuestos a pagar y saltarse así la cola.

Pero miren al horizonte, porque vienen con más. Empieza a desplegarse otra propuesta: la desgravación fiscal del seguro médico, es decir, descuentos en el IRPF de las facturas de la sanidad privada, algo que existió en España hasta 1998. Es como si nos dedujéramos de las facturas de la gasolina o de los recambios del coche para compensar que no se usa el transporte público.

3. *La vocación de servicio público de Florentino Pérez*

Las escuelas públicas infantiles de Primer Ciclo (de 0 a 3 años), que tradicionalmente gestionaban organizaciones educativas o cooperativas sin ánimo de lucro, están pasando a manos de grandes corporaciones empresariales sin vocación docente ni social.

La empresa Clece, propiedad del grupo del presidente del Real Madrid, Florentino Pérez, gestiona en España unas 65 guarderías de niños de hasta tres años concedidas por ayuntamientos o comunidades autónomas. Según datos de 2010, Clece se encarga de la atención y educación de más de 8.500 niños, la mitad en centros públicos. En 2011 y 2012 ha consolidado su presencia en Madrid, Andalucía, Galicia, Melilla, Cantabria, Asturias, Canarias... En algunas zonas se encarga también del transporte escolar.

Clece es una rama del Grupo ACS, que llegó a ser una de las mayores constructoras del mundo, desarrollada estos últimos años para salvaguardarse del crac ocurrido en el sector del ladrillo y diversificar el negocio. Con el palco del Bernabéu, la mejor herramienta de relaciones públicas posible, en poder de Florentino Pérez, Clece no sólo ha conseguido arrebatar en concurso público guarderías a las ONG o colectivos docentes, sino que se ha hecho con una lista interminable de clientes.

Le dan a todo: gestionan equipajes y salas VIP en aeropuertos de AENA; la limpieza de las instalaciones de la Federación Española de Fútbol, de la Guardia Civil y de la Policía Nacional en toda España; la comida en hospitales de varias comunidades. Hasta tienen la gestión integral y la programación de espectáculos del teatro del Canal de la Comunidad de Madrid. Y, ya que están, pues también cuidan niños.

4. Padres que obligan a sus hijas adolescentes a tener un hijo no deseado

Si una chica de diecisiete años se queda embarazada involuntariamente —en un descuido o en una agresión sexual— y sus padres son contrarios a la interrupción del embarazo por inquebrantables principios tradicionalistas, ideológicos o religiosos, ¿debe la niña seguir adelante con el embarazo en contra de su voluntad, en nombre de unos valores que quizá no sean los suyos y con todas las consecuencias que eso tendrá en su vida? Ésta es la pregunta y lo demás es literatura.

La respuesta que da el Partido Popular es: sí, la menor debe aceptar la voluntad de sus padres y tener el bebé. Eso es lo que intentaba evitar la fórmula anterior que ahora el gobierno elimina, según la cual los progenitores de la embarazada tenían que ser informados del aborto pero no se necesitaba su permiso. Además, retrocede a la norma de 1985 en otro aspecto fundamental: la mujer ya no podrá interrumpir su embarazo libremente en las primeras catorce semanas de gestación, como aprobó el gobierno del PSOE en 2010, sino que tendrá que dar explicaciones de por qué lo hace y éstas deberán encajar dentro de los supuestos para poder hacerlo.

Viviremos de nuevo en un país donde es legal que una mujer se case a los 16 años, que mantenga relaciones sexuales con un adulto a esa edad, pero donde para abortar tendrá que tener el consentimiento de sus padres y convencer al médico.

5. *Apostando contra la justicia y bodas ante notario*

Habrá copago en justicia: una tasa que el ciudadano tendrá que abonar cuando no esté de acuerdo con una sentencia y quiera recurrirla. Un impuesto por cada recurso que, eso sí, se le devolvería si al final se demuestra que tenía razón.

Es una medida que convierte los recursos en apuestas económicas contra el sistema: si el sistema te demuestra que la primera sentencia era buena, pagas tú. Si el tribunal de segunda instancia decide que el primer juez se equivocó, paga el Estado. Eso abre una vía de riesgo: cuantos más recursos se rechacen, más se ahorra.

A pesar de que esta tasa no se aplicará a personas que acrediten insolvencia o en casos penales, el objetivo es claro: contener al ciudadano en el uso de su derecho a la justicia sobre un criterio injusto socialmente y reducir el número de casos en lugar de agilizar el funcionamiento de los tribunales. Hacer menos en vez de mejorar.

Otra idea que ha tenido el Partido Popular para desatascar los tribunales: que las bodas civiles y los divorcios de mutuo acuerdo los celebre un notario y no una autoridad judicial. Esto conllevará, sin entrar en detalles, dos riesgos.

En primer lugar, que si se llega a aplicar en divorcios con menores de edad de por medio, la supervisión judicial ya no estará ahí para salvaguardar a los niños o evitar presiones.

En segundo lugar, que, como todo el mundo sabe, los notarios cobran por cada ceja que mueven. ¿Casarán un sábado? ¿Y un viernes por la tarde? ¿Se desplazarán a ese salón tan estupendo que tanto os ha costado elegir? ¿Con qué tarifas?

Un día antes de anunciar estas intenciones, Gallardón se reunía con el presidente del Consejo General del Notariado. La mitad de las notarías de España no llegan a fin de mes, según ellas mismas. El chollo de la compraventa de casas se ha acabado.

6. *La cooperación, en caída libre*

Quienes felicitaron a Zapatero por su cambio de rumbo en 2010 le estaban felicitando también por abrir la puerta de los recortes a la cooperación y ayuda al desarrollo. Intermón Oxfam calcula que, desde ese día hasta finales de 2012, el presupuesto dedicado al tercer sector habrá bajado un 40 por ciento, lo que supondrá un 0,3 por ciento del PIB; lejos queda aquel compromiso de llegar al 0,7 por ciento.

Si hablamos de autonomías, el presupuesto para cooperación bajó un 23 por ciento en 2011. Claro, es que estamos en crisis. Ya, pero es que la media del recorte en el resto de las partidas presupuestarias fue casi seis veces menor, un 4 por ciento.

La motosierra en cooperación es una prioridad en la mayoría de las comunidades, pero no en todas. Extremadura, con un gobierno del PP, ha aumentado su compromiso de años anteriores. En Euskadi también, y es la que dedica mayor porcentaje de su dinero a esta materia. Andalucía sigue siendo la comunidad que más invierte en términos absolutos, un amplio margen que ha utilizado, eso sí, para meter un buen tajo.

Castilla-La Mancha, Canarias o Cataluña son, en el extremo opuesto, las autonomías que más han recortado en solidaridad internacional. La administración manchega estudia no dedicar un solo euro a estas partidas en 2012.

La importancia de mantener la apuesta por la cooperación internacional y los derechos humanos no hay ni que explicarla en un libro como éste.

7. *Ley Sinde-Wert: matando moscas a cañonazos y evitando el verdadero debate*

El debate sobre los derechos de autor, la propiedad intelectual y la industria cultural en el siglo de la información redistribuida es complejo, pero ya está maduro: en internet pueden encontrarse aproximaciones desde «la izquierda» a conceptos como el procomún o las licencias abiertas.

Aceptando que el paradigma industrial actual está herido de muerte, que no sirve y que además es injusto para el autor, es hora de enriquecer la discusión y avanzar: hay que asumir que, para el esquema que está por venir, también hay opciones ideológicas diferentes, aunque ahora algunas de ellas compartan trincheras contra lo vetusto. El «darwinismo social»[24] está preparado para fagocitar modelos de difusión cultural pensados para mimar y difundir la cultura como bien común y no como mercancía en la ley de la selva.[25]

Pero sucede que el enfrentamiento entre los que defienden la industria, por un lado, y los que reclaman un modelo diferente, por otro, hace tanto ruido que no hay espacios para el debate real. La absurda guerra a cañonazos de los gobiernos y la industria cultural por mantener las cosas tal y como están es peligrosa; en los últimos años, han atacado la presunción de inocencia con el canon digital, han llamado delincuentes a millones de personas en anuncios de televisión y han puenteado las sentencias judiciales creando una ley, la Sinde-Wert, que protege a la industria por encima de varios derechos fundamentales. Detrás, según queda claro en 124 cables desvelados por Wikileaks,[26] la presión constante del gobierno de Estados Unidos y las multinacionales del entretenimiento.

La Ley Electoral y el mito de la mayoría absoluta

El retroceso en los últimos meses del gobierno de Zapatero y, más intensamente aún, en los primeros del de Rajoy es un hecho. Hay un comentario recurrente en Twitter, en forma de etiqueta, #disfrutenlovotado, que es una forma irónica de decir: pues ahora te aguantas.

Es la gran paradoja de 2011: el PP obtiene la mayoría absoluta en el año del 15-M. Pero con otra Ley Electoral eso no habría sido así. Algunos datos:

Con un sistema electoral de circunscripción única el Partido Popular habría conseguido 160 diputados en las elecciones generales de 2011, 26 menos que los que tiene actualmente y lejos de la mayoría absoluta, situada en 176.

El PP atesora la mayoría absoluta más amplia desde 1982 con tan sólo 500.000 votos más que los que obtuvieron cuando perdieron las elecciones en 2008. Es más: Rajoy tiene un poder absoluto en el Congreso con menos votos que los que obtuvo Zapatero en 2008. Con más votos entonces que Rajoy hoy, Zapatero no tuvo mayoría absoluta.

El sistema electoral multiplica el efecto de la huida de cuatro millones de votantes en el PSOE y también la pequeña subida del PP. Sin embargo, y a pesar de que la abstención sólo aumentó dos puntos con respecto a 2008, los partidos más pequeños no han podido rentabilizar del todo esa llegada de votos, triturados por el sistema de cálculo por circunscripciones.

Izquierda Unida habría obtenido 25 escaños, en vez de 11, en un sistema en que cada voto valiera lo mismo. UPyD tendría 17, cuando ahora tiene 5. Equo no tiene representación parlamentaria con 215.000 votos, cuando con otra ley habría obtenido 3 escaños.

No es verdad el mito de que la Ley Electoral beneficia a los nacionalismos. En un sistema de circunscripción única, los únicos partidos pequeños perjudicados, con los resultados del 20-N, serían CiU y Amaiur, pero apenas perdiendo uno o dos escaños. El resto de las formaciones nacionalistas se mantendrían en el mismo número de escaños o incluso tendrían uno más.

A quien de verdad perjudicaría un recuento de «una persona, un voto» sería a los dos grandes partidos, especialmente al más votado. El PP, como hemos visto, tendría 26 menos y el PSOE se quedaría con 103 escaños, todavía 7 menos que los que consiguió el 20-N.

Y combinando la Ley Electoral y el nivel de abstención, una pregunta más: ¿a qué porcentaje del censo total de los ciudadanos con derecho a voto representa la que llamamos alegremente «mayoría absoluta»? En 1982, el récord de los 202 diputados del PSOE representaba en realidad a un 37 por ciento de la gente con derecho a voto. En 2012, la gran mayoría absoluta del PP, la que cuenta con más escaños que la de Aznar en 2000, tiene el respaldo de 10.830.693 personas de las 35.776.615 que podían votar. Es decir, sólo el 30,2 por ciento de los españoles con derecho a voto.

Estos datos no pretenden en absoluto cuestionar la legitimidad de los gobiernos ni defender la apatía política o la abstención militante. Pero son como para pararse a pensar sobre ellos, o la crisis de representatividad que ya se vive irá a más.

La muerte de la cultura política de la Transición

En 1977, la Transición española trazó un esquema sobre cuáles eran los problemas del país, sobre cuáles eran los bienes sociales que proteger y quién lo haría. El miedo al desastre y el inmovilismo nostálgico de mucha parte de una generación nos han clavado durante casi cuarenta años en el mismo esquema. Es lo que puede llamarse «cultura de la Transición», un término que trabajan autores como el periodista Guillem Martínez o el pensador Amador Fernández-Savater.

«En la Transición —me dice Fernández-Savater—, se había llegado a un consenso de las cosas de las que se puede hablar y de las que no: de nacionalismo, de laicismo, de los toros y de los límites de velocidad puede discutirse; sobre otras cuestiones esenciales de nuestra democracia, no.»

Ese esquema, que se ha sostenido durante muchos años, empieza a caer a medida que la crisis y el paso del tiempo arrollan otros mitos. El consenso de la Transición fue posible porque era un pacto que protegía unos bienes sociales, como la libertad, la sanidad, la educación o el trabajo digno, de amenazas como el golpe de Estado, la herencia del franquismo o el terrorismo de ETA. Pero ésos son «miedos en declive», como dice Fernández-Savater, que ya no amenazan bienes que, por otro lado, también se están debilitando por un ataque que llega por el flanco del que los actores de la Transición no quisieron hablar.

Hacia la vida política del futuro

Bajo ese tapón de la generación de la Transición se han desarrollado varias promociones de jóvenes que, huyendo de la palabra *política*, han refugiado su actividad social en conceptos culturales, tecnológicos o académicos. Eso les ha hecho menos identificables ante lo tradicional, que los ha mirado siempre como una masa apolítica o marginal. Pero en esos márgenes se han construido los nuevos conceptos para la regeneración social.

Se extiende la sensación de que se inaugura una realidad nueva en la que el 15-M no parece haber sido una causa sino una consecuencia, un prototipo, un catalizador. La política en red va a desbordar las estructuras más establecidas, sí, pero sobre todo a los ambientes y organizaciones más críticos, que si no se adaptan pueden quedar desdibujados en una caricatura de sí mismos, respondiendo preguntas que ya nadie plantea.

En un esquema en red, la lección es que no hay límites para el pensamiento crítico individual conectado a lo público. Que la militancia ya no es un valor porque es excluyente, exigente y codificada.

Si las ONG, los partidos, los sindicatos o los movimientos sociales quieren seguir teniendo la iniciativa en la incidencia política y social, tendrán que adaptarse, abrirse, dejarse atravesar y fluir. Porque la ciudadanía en red no sólo se abrirá paso entre los que defiendan la protección de lo común y del bienestar, sino también entre los que defienden lo contrario. Y es en ese encuentro, en esa fricción, donde se va a construir el futuro. Donde se va a decidir en qué sentido ocurre la refundación de la democracia.

Notas

Sobre las referencias bibliográficas de este capítulo: todas las referencias pueden consultarse en internet. Para que acceder a ellas sea más cómodo se han recopilado todos los enlaces en www.juanlusanchez.com/actua/referencias. Aquí, se desglosan las palabra clave para su consulta online:

1. Discurso de Nicolas Sarkozy en Tolón, 25 de septiembre de 2008.

2. Discurso de Nicolas Sarkozy en Tolón, 1 de diciembre de 2011.

3. «Crisis development and elite rhetoric in France», *Framing the Global Economic Downturn*, Universidad Nacional de Australia, Canberra, 2009.

4. José Luis de Zárraga. «Refundar el capitalismo, aquella broma macabra», *Público*, 23 de enero de 2011.

5. Anuncio del juego de mesa Scattergories.

6. «Ganas o mueres», capítulo 7 de la segunda temporada de *Juegos de Tronos*, dirigido por Daniel Minahau.

7. «Bravo Presidente!», sms de David Taguas a José Luis Rodríguez Zapatero, fotografía de Eduardo Parra.

8. C. J. Chivers, «Down The Rabbit Hole: Arms Exports and Qaddafi's Cluster Bombs», www.nytimes.com, 22 de junio de 2011.

9. Programa electoral del PSOE, 2004.

10. Reforma de la Constitución española, artículo 135, *ibid.*

11. «Socialistas contra la reforma exprés de la Constitución». *Del mal en mejor*, 24 de agosto de 2011.

12. Íñigo Sáenz de Ugarte, «El cóctel molotov», *Guerra eterna*, 1 de noviembre de 2011.

13. «El referéndum de Grecia estrella las bolsas europeas», RTVE.es, 1 de noviembre de 2011.

14. «Los líderes europeos amenazan a Grecia con la quiebra», *Público*, 2 de noviembre de 2011.

15. «La entrada de la Constitución por la puerta de atrás», Instituto Robert Schuman de Estudios Europeos.

16. «El giro dramático de Atenas a la "solución definitiva"», *El País*, 1 de noviembre de 2011

17. «Goldman Sachs pide un gobierno técnico en Italia para reducir su prima», *Público*, 10 de noviembre de 2011.

18. Vídeo: economistas de Harvard, Columbia, Berkeley, *Inside Job*.

19. «Ex ejecutivos de Goldman Sachs copan instituciones clave en la crisis», *Público*, 1 de noviembre de 2011.

20. Coche de la película *Regreso al futuro*.

21. Daniel Montero, «Reforma laboral: los números que no me creo», blog de Interviú, 14 de febrero de 2012.

22. «El capital riesgo cuida de tu salud», *El País*, 15 de febrero de 2012.

23. «Los recortes abren una sanidad a dos velocidades en Cataluña», *El País*, 9 de febrero de 2012.

24. «La izquierda y la derecha en la cultura libre y el copyleft», Comunes, 5 de febrero de 2012.

25. «Breve itinerario hacia el procomún», ZEMOS98, 12 de enero de 2012.

26. «EE.UU. ejecutó un plan para conseguir una ley antidescargas», *El País*, 3 de diciembre de 2010.

4

LA CRISIS DEL CAPITALISMO

Carlos Berzosa

CARLOS BERZOSA ALONSO-MARTÍNEZ ha sido rector de la Universidad Complutense de Madrid, entre 2003 y 2011. Licenciado y doctor en Economía por esta misma universidad, es catedrático de Economía Aplicada.

Es presidente de la Sociedad de Economía Mundial, que edita la *Revista de Economía Mundial* (REM), y director de la publicación *Revista de Economía Crítica*. También pertenece al consejo editorial de la revista mensual *Temas para el Debate* y dirige la colección de economía de la editorial Síntesis.

Ha recibido sendos doctorados *honoris causa* de la Universidad Nacional de Piura (Perú) y la Universidad de Tarapacá (Chile), y es académico de honor de la Real Academia de Doctores de España.

Su inquietud personal está unida a los problemas del desarrollo económico y la lucha contra la pobreza. Pertenece a la ONG Acción para la Cooperación con el Sur (ACSUR), y es miembro de la junta directiva del capítulo español de la Sociedad Internacional para el Desarrollo (SID). Actualmente es presidente de Comisión Española de Ayuda al Refugiado (CEAR).

Además, ha colaborado en medios de comunicación: perteneció al consejo editorial del diario *El Sol*; fue asesor económico de los servicios informativos de la cadena SER; fue comentarista y tertuliano de Onda Cero, y colabora en la revista semanal *El Siglo* y en *Sistema Digital*. Es autor de varios libros: *Conciencia del subdesarrollo* (Madrid, 1996), con J. L. Sampedro; *Los socialistas utópicos. Marx y sus discípulos* (Madrid, 2000, pp. 65-271), con M. Santos; *Estructura económica mundial* (Madrid, 2001), con P. Bustelo y J. de la Iglesia; *Los desafíos de la economía mundial en el siglo XXI* (Madrid, 2002); *Crisis de las finanzas capitalistas* (Madrid, 2011); *La economía mundial en transformación*, introd. de Carlos Berzosa (Madrid, 2011), con J. M. García de la Cruz, G. Durán Romero y Á. Sánchez Díaz, coords.

Una crisis financiera que, de alguna manera, se ha dado a escala global, es el detonante del estallido de las burbujas (inmobiliaria, bursátil, financiera) y ha acabado repercutiendo a su vez en las instituciones financieras, que salen malparadas por el pinchazo de todas ellas. Muchos estados han tenido que dedicar cuantiosos recursos para salvarlas de unas quiebras que amenazaban con darse en cadena. La evolución económica de los últimos años ha estado marcada por la obtención de ganancias rápidas y fáciles y por los procesos especulativos.

Este modelo económico ha tenido numerosas consecuencias. Entre otras, implicó (ya antes de la crisis) una mayor desigualdad. En España, el VI Informe FOESSA (2008) constataba que el intenso crecimiento acaecido en España entre 1995 y 2007 no se había traducido en una distribución más equitativa de la renta, ni en una disminución de la pobreza. El diagnóstico realizado por FOESSA destacó, especialmente, la relación de la pobreza y la exclusión tanto en la precariedad en el empleo como en la fragilidad de los sistemas de protección de los derechos sociales.

Antes de la crisis, por tanto, ya había unos factores estructurales que influirían en la Gran Recesión actual. Es una crisis global, que afecta fundamentalmente a los países avanzados, y que tiene como epicentro la economía de Estados Unidos.

La naturaleza de la crisis

La crisis que surge a partir de 2007 tiene un origen financiero, pero es el resultado de un modelo de desarrollo extendido desde los años ochenta del siglo pasado hasta nuestros días. Este modelo se ha caracterizado por la expansión de la globalización, la primacía de las finanzas, la privatización, la desregulación y la fe ciega en la eficiencia de los mercados. Un modelo sustentado en la especulación y en la obtención de ganancias rápidas y fáciles.

Ahora bien, independientemente de los rasgos que configuran el desarrollo en las tres últimas décadas, la historia nos enseña que en la evolución del capitalismo se producen crisis periódicas. Muchas de ellas son pasajeras, no crean grandes perturbaciones ni causan grandes males, pero al lado de éstas aparecen otras que tienen un carácter estructural, y que afectan más profundamente a los fundamentos del sistema. En el siglo XX, podemos distinguir dos de este tipo, la de los años treinta y la de los setenta. Ambas supusieron cambios en el paradigma dominante en la economía, así como en las políticas económicas de los gobiernos.

La crisis actual también tiene ese carácter estructural. La situación tan negativa que afecta fundamentalmente a las economías más desarrolladas ha puesto en cuestión muchas cosas, entre otras la idea de que los mercados son eficientes. Desde los años ochenta del siglo XX se fue imponiendo entre la mayor parte de los economistas académicos la idea equivocada de la bondad de los mercados y los fallos del Estado. Esta tesis defendida en el plano de la teoría era cada vez más compartida por los gobiernos, incluidos los socialdemócratas.

La globalización estaba siendo un éxito, señalaban, y para demostrarlo apuntaban al enorme crecimiento de economías como la india y la china, y la larga ola de expansión que se estaba viviendo en prácticamente todos los países del mundo.

Lo que se ha revelado, sin embargo, ha sido el fracaso de la idea central basada en el fundamentalismo de mercado y en la creencia de que las fluctuaciones económicas, que habían afectado al capitalismo a lo largo de la historia, ya estaban superadas y eran cosa del pasado. La crisis y el derrumbe del sistema financiero hicieron fuerte mella en estos planteamientos. Pero, aunque parezca mentira, estos teóricos vuelven a la carga y tratan de culpar a las actuaciones de los gobiernos y los controles existentes, y no a los mercados, de lo que ha sucedido. Los mercados siguen siendo, para estos analistas, tan eficientes como ellos han teorizado, aunque sus modelos no se ajustan ni de lejos al comportamiento de lo real.

Se niegan a aprender de los hechos, de la realidad y de la experiencia histórica, y esto no deja de ser grave, pues la influencia de estas ideas es muy poderosa en los medios decisorios internacionales. Se han realizado muchas críticas a estos planteamientos, sobre todo desde posiciones poskeynesianas, marxistas y otros enfoque de algún modo críticos con la corriente principal. Pero también por pensadores más moderados, como los neokeynesianos Stiglitz y Krugman.

Las consecuencias son de todos conocidas: la economía mundial ha entrado en una Gran Recesión. Se habían olvidado las lecciones del pasado, y de ello se han derivado consecuencias muy negativas. La Gran Depresión de los años treinta del siglo XX motivó cambios en el plano teórico. La contribución más importante en este terreno fue la de Keynes, pero no solamente él, sino también economistas como Kalecki, Myrdal o los institucionalistas discípulos de Veblen, llegaron a las mismas conclusiones: que el mercado dejado a sus anchas no era capaz ni de conseguir el pleno empleo ni de evitar las recesiones en la economía.

El pensamiento crítico frente a la crisis

La crisis económica actual está generando una gran proliferación de artículos científicos y de prensa, y de libros sobre sus causas. La crisis es un gran reto intelectual para los economistas. De hecho, ha sacado a la ciencia económica del adormecimiento en el que, por lo general, se encontraba antes de surgir esta nueva crisis. El estallido de las burbujas especulativas (financiera e inmobiliaria) ha llevado a cuestionar el pensamiento dominante que en las últimas décadas no ha dejado de insistir acerca de las bondades y la eficiencia del mercado.

Gran parte del análisis lo están llevando a cabo con gran acierto economistas convencionales y de gran prestigio académico, como Krugman y Stiglitz, ambos premios Nobel de Economía, sin caer en el fundamentalismo de mercado que ha predominado tanto en los últimos años, y que ambos se encargan de denunciar. Otro tanto se puede decir del planteamiento realizado por Akerlof, también premio Nobel, y Shiller en su reciente libro *Animal Spirits.*

No obstante, a pesar de los neoliberales, casi todo el mundo está de acuerdo en que Keynes ha vuelto en cierta forma. Pero, como dice Foster: «si tomamos en serio a Keynes como crítico (aunque limitado) del capitalismo, ¿no es acaso necesario regresar aún más hasta el mayor de todos los críticos, Karl Marx?». Efectivamente, Marx también regresa como un importante analista de las crisis. Sus libros se vuelven a ver en las librerías, así como los de quienes se consideran herederos y seguidores de sus planteamientos teóricos.

Foster, junto con Fred Magdoff, ha publicado un libro, *La gran crisis financiera*, que resulta de enorme interés, y que se basa en las contribuciones de Baran, Sweezy y Magdoff, la escuela norteamericana que gira en torno a la revista *Monthly Review.* Estos pensadores, pioneros de esta corriente dentro del marxismo, se basaron en sus análisis y estudios en Marx,

Veblen, Schumpeter, Keynes, Kalecki, Steindl y Minsky. La idea principal sobre la que gira el libro es que el capitalismo tiende hacia el estancamiento, lo que no quiere decir que no exista crecimiento en absoluto, sino más bien que la economía funciona bastante por debajo de su potencial, con capacidad productiva ociosa importante y un desempleo y subempleo significativos.

El capitalismo trata de combatir el estancamiento con mecanismos que pueden permitir momentos de auge notables. La prosperidad que caracterizó a la economía de las décadas de los años cincuenta y sesenta, se debió a factores históricos temporales que ellos mencionan y analizan. Fue precisamente el agotamiento de estos mecanismos de posguerra lo que estuvo detrás de la crisis de los setenta, y es a partir de entonces cuando, para combatir el estancamiento, surgió el régimen capitalista «financiarizado». Se impuso el auge de las finanzas, el creciente endeudamiento y todas las innovaciones financieras. Eso es lo que ha predominado desde entonces y lo que ha promovido las distintas recesiones desencadenadas en los ochenta y noventa y que han desembocado en la actual.

En suma, el libro (que acompaña estos argumentos teóricos con cifras que los sustentan) se centra en analizar lo que ha sucedido dentro de un modo de funcionamiento del capital monopolista. Así, la «financiarización» no ha sido el resultado de determinados comportamientos codiciosos, avariciosos y fraudulentos, ni producto de una mala política económica, sino que se encuentra en la esencia del funcionamiento de un sistema que trata de evitar esa tendencia hacia el estancamiento. Un planteamiento desarrollado con gran coherencia que nos ofrece otra visión acerca de la crisis actual.

Desde posiciones diferentes, las distintas corrientes marxistas sí que ponen el acento en que la crisis no es debida a una mala política económica, sino que es una crisis del sistema. Esto no quiere decir que la crisis suponga el derrumbe del sistema. El capitalismo, tras las crisis, se reencarna de nuevo, y la cuestión es saber a qué precio, y a costa de quién, pueden ser resueltas.

Cómo se desenvuelve la crisis

La globalización, la primacía de las finanzas y el predominio del fundamentalismo de mercado han provocado que el Estado haya limitado considerablemente su capacidad de actuación en la política económica a nivel nacional. El Estado ha ido perdiendo capacidad de maniobra frente al creciente poder económico y financiero que se desenvuelve a escala global. Los mercados financieros han cobrado un gran auge y hemos asistido de un modo progresivo a la supremacía de estos mercados frente a otros tipos de mercados y de actividades económicas.

La crisis financiera y de las burbujas especulativas ha dado lugar a una considerable recesión en las economías más avanzadas, tras la cual han venido las crisis de la deuda y las inestabilidades en los tipos de cambio. Los déficits públicos —que han incrementado la deuda pública de los países— se han producido a causa de un conjunto de factores inherentes a la propia crisis, siendo muy destacado entre ellos el sostenimiento de bancos y cajas de ahorro, a los que sólo en la UE se han facilitado fondos por valor de 1,6 billones de euros, según cifras oficiales de Bruselas, más cerca de un billón adicional en líneas de créditos. El Banco Central Europeo se lo presta al 1 por ciento de interés y ellos lo cobran a los estados en torno al 5 por ciento, sin facilitar además los préstamos a particulares.

El déficit público ha sido consecuencia de la crisis, y no al revés

En varios países, entre ellos España, el déficit público ha sido consecuencia de la crisis, y no al revés. Por ejemplo, en nuestro país hubo superávit en los años 2005, 2006 y 2007. En el año del derrumbe financiero, 2008, se disparó al 4,1 por ciento como porcentaje del PIB. En 2009 llegó a alcanzar el 11,1 por ciento. En 2010 el 9,2 por ciento, y en 2011 el 8 por ciento. Varios factores contribuyen al incremento del déficit: la disminución de los ingresos, como resultado de la caída en la actividad económica, y el aumento del gasto para apoyar a los bancos y cajas de ahorro, así como a la realización de políticas de estímulo ante el descenso de la inversión privada.

El problema del déficit en España reside en su rápido crecimiento y en la necesidad de encontrarle financiación. Para ello se emite deuda pública, que está constituida por Letras del Tesoro, Bonos del Estado y Obligaciones del Estado, y que busca captar fondos en los mercados nacionales e internacionales bajo la promesa de un futuro pago y una renta fijada por una tasa en los tiempos estipulados por el bono. La deuda pública española generada por estos déficits se mantiene en unos niveles asumibles. A finales de 2010 suponía el 61 por ciento del PIB, mientras que Alemania se encuentra por encima del 80 por ciento, y Francia otro tanto, por citar a los dos países europeos que tienen más capacidad de decisión en la UE.

Agencias de valoración

A la economía española, sin embargo, la están castigando duramente los mercados, lo que conduce a un aumento de los intereses de la deuda. Las agencias de valoración —empresas oligopólicas y que responden a los intereses de los grandes poderes económicos— manejan las calificaciones sin unos criterios razonables, lo que ha situado a la economía española al borde de tener que ser rescatada en varias ocasiones. La contrapartida para evitarlo ha sido la puesta en marcha de políticas de ajuste, la drástica reforma laboral y la rebaja de las pensiones.

Las agencias de valoración tuvieron una gran responsabilidad en el período anterior a la actual crisis sobrevalorando activos, empresas y solvencias y, por tanto, contribuyendo en primera línea a la generación de burbujas desmesuradas en el sector inmobiliario y en las bolsas en general, así como a una errónea confianza de los inversores y de las entidades de crédito.

Después, tras desencadenarse la crisis, con las calificaciones que llevan a cabo de la deuda pública vuelven a hacer ganar a los inversores al obligar a los países más vulnerables de Europa a pagar más intereses por la deuda. En suma, ganar antes y durante la crisis. Es lo que está pasando y es lo que explica la gran concentración de riqueza que se está dando.

La deuda, una cuestión de confianza en un mercado especulativo

Es cierto, de todos modos, que si bien la deuda pública no es elevada en comparación con otros países más desarrollados, la economía española padece problemas de confianza a la hora de buscar financiación en los mercados internacionales por su bajo crecimiento y por el elevado endeudamiento privado.

No obstante, el problema principal reside en que las economías, sin excepción, se han constituido en rehenes de unos mercados que son fundamentalmente especulativos. Unos mercados cuyo florecimiento, expansión y auge ya hemos explicado, y que corresponden a una fase del capitalismo. No se ha puesto coto a estos mercados, como se prometió al inicio de la crisis, y ahora se están pagando las consecuencias. La mayor parte de los problemas que afectan a economías europeas, y que han hecho tambalearse al euro, son el resultado de la débil estructura política de la UE y de las actuaciones desafortunadas del Banco Central Europeo. Añadamos a ello los productos financieros especulativos, como los seguros de impago y otros mecanismos que tolera el poder político, que permiten apostar por la caída de un valor para obtener mayores beneficios. Los diferenciales de la deuda de países con problemas se han multiplicado, reportando grandes intereses a los inversores. En concreto, en Grecia llegan a reportar hasta el 18 por ciento de beneficio, o el 11 por ciento en Portugal. Pocas inversiones dan tamaña rentabilidad.

No deja de resultar paradójico, además, que algunos de los grupos que han sobrevivido gracias al dinero público que les ha salvado de la bancarrota, ahora, con sus actuaciones en el mercado financiero, exijan el recorte brusco de ese déficit. Eso sí, haciendo recaer los costes del ajuste sobre los trabajadores y empleados, de forma que estos grupos situados en las clases intermedias y bajas de la población sean los paganos de sus desmanes y excesos anteriores, que les proporcionaron ganancias suculentas, rápidas y fáciles.

Lo único que se les ocurre a los grandes poderes fácticos de la economía, mediatizados por los mercados, y con el fin de alejar el peligro del derrumbe de algún país, es recetar las medidas clásicas de ajuste que ya se han ensayado en el pasado en los países menos desarrollados, con resultados muy negativos, desde el punto de vista tanto económico como social. Estos países padecieron, por esta causa, retrocesos en los niveles económicos, mayores desigualdades de renta y riqueza, y un aumento de la pobreza. Los costes sociales y ecológicos de esas propuestas fueron muy elevados, sobre todo para los grupos más vulnerables de la población. Las familias de bajos ingresos y las intermedias, así como las mujeres, los mayores y los niños, fueron los grandes damnificados. Conviene recordar esto para no olvidarnos de lo que pasó, salvadas las distancias, en la década de los ochenta del siglo pasado.

El déficit público y las Comunidades Autónomas

La desviación que se ha producido del déficit público sobre el que estaba previsto en el año 2011 se debe principalmente, aunque no sólo a las Comunidades Autónomas, la mayor parte de ellas gobernadas por el PP, por el mismo partido que ahora pide austeridad y que pretende erigirse en un defensor a ultranza de la estabilidad.

El despilfarro derrochado y, lo que es más grave, el clientelismo político y económico, y la gran corrupción que ha tenido lugar, resultan evidentes. La duplicidad de funciones entre las diferentes administraciones públicas es otro de los males acaecidos en estos años de desarrollo de las autonomías. Algunos presidentes autonómicos se han creído verdaderos reyes y reinas de taifas y han actuado, en bastantes cuestiones, con mucha irresponsabilidad como si la autonomía fuera un casino particular. Todo el mundo ha querido tener sus televisiones y sus universidades propias, o bien construir más campus, auditorios de música, aeropuertos y, en fin, todas las cosas innecesarias o excesivas que hemos contemplado en los años aparentemente de vacas gordas.

De todas formas, conviene subrayar que no todos los comportamientos han sido similares, y es por ello que sería adecuado no hablar solamente de cifras, sino de en qué han invertido las comunidades el dinero. No es lo mismo gastárselo en promocionar la fórmula 1, o en otros eventos deportivos y eclesiásticos, que hacerlo en educación, sanidad, ley de dependencia o en otras políticas sociales. No es que haya que aceptar sin más que, porque el dinero se destine a estos fines, haya sido utilizado adecuadamente, pero, desde luego, sí que es más razonable el uso de los recursos públicos en bienes y servicios necesarios socialmente que en otro tipo de finalidades, que además cabe discutir que deban ser abordadas por el sector público.

En todo caso, no todo lo hecho por las comunidades está tan mal como se puede deducir de lo expuesto hasta ahora. Al revés, considero (y lo resalto de nuevo) que es muy importante diferenciar en lo relativo a cómo se han utilizado los recursos públicos en las diferentes comunidades. En estos años de autonomías, y con las diferencias que conviene establecer, se han conseguido avances notables en nuestra sociedad. La descentralización de las decisiones políticas y económicas ha sido muy importante, y también los avances que se han realizado tanto económica como socialmente. Las comunidades menos desarrolladas de nuestro país han tenido progresos indudables en ámbitos tan importantes como la educación, la sanidad y el conjunto de las prestaciones sociales que se han ido desarrollando. Los logros conseguidos en la igualdad de derechos y oportunidades han sido muy relevantes y significativos.

El haber, sin duda, supera al debe, a pesar de los abusos cometidos por el poder. Lo que hace falta ahora es poner orden, pero también establecer prioridades de los objetivos básicos que un Estado social de derecho tiene que acometer, evitando duplicidades en las competencias que deben asumir las distintas administraciones (central, autonómica y local). En un período de crisis como el que vivimos, los ingresos disminuyen, y si además hay que atajar el déficit público, el peligro que corre el Estado del bienestar de deteriorarse o de desaparecer es evidente. Pero no pueden pagar justos por pecadores. No se debe, en ningún caso, recortar en educación, investigación ni sanidad, como se está haciendo.

Todo esto era previsible, pero no se tomaron las medidas oportunas en su momento; no lo hicieron ni las autoridades locales, ni las autonómicas, ni las del gobierno central. No obstante, a pesar de las ineficiencias que se puedan dar y que hay que corregir, los beneficios sociales que se obtienen superan con creces determinadas prácticas de mal uso.

Por eso es por lo que sería bueno que, en lugar de acusar tanto de mala gestión, se diga en qué se han gastado mal los recursos públicos. El déficit público no equivale a mala gestión o a ser manirrotos, sino que ha podido venir dado por la crisis económica. La responsabilidad hay que encontrarla en lo que señalaba antes, en la falta de previsión y en no haber tomado medidas preventivas frente a lo que se nos venía encima. Tampoco la austeridad es sinónimo de buena gestión si perjudicamos la educación, la investigación y la sanidad, y si se dejan de prestar servicios a los mayores y a las personas con discapacidad.

Las actuaciones ante la crisis

Si se acepta este análisis, queda claro que no hay remedios a corto plazo a la crisis y que lo que pueden hacer las políticas económicas es buscar soluciones paliativas a los daños causados, con cuidado de no estropear más las cosas. Los costes del ajuste están recayendo en los trabajadores, mientras se pretende tratar de reforzar el poder del capital y restablecer el excedente o la tasa de ganancia, en contra del trabajo.

La aparente prosperidad que se ha vivido en los años anteriores a la crisis y la euforia consiguiente estaban sustentadas en grandes dosis de endeudamiento y de inversiones de los ahorros en derivados que ofrecían un alto rendimiento. Pero, como ha quedado al descubierto, no tenían detrás nada real que sustentara ese valor aparente. Arreglar todo esto no es una tarea sencilla. Lo peor es que ni siquiera se ha empezado por lo que la tardanza en salir de la crisis se va volviendo cada vez mayor.

La crisis económica dura ya casi cinco años, pues sus inicios se pueden situar en el verano de 2007, cuando estallan la burbuja especulativa inmobiliaria en Estados Unidos y todo lo que desencadenaron las hipotecas basura. Se agrava en septiembre de 2008, cuando la grave crisis afecta a bancos y el sistema financiero se hubiera derrumbado de no ser por la intervención de los gobiernos. La crisis inmobiliaria se transformó en una crisis financiera de una gravedad extrema.

Ante la profundidad de la crisis, las medidas que todos los gobiernos de los países desarrollados, la Unión Europea y el G-20 han tomado han sido bastante desacertadas. Así no se va a ninguna parte, y menos con la aplicación de políticas de ajuste que, en lugar de estimular a las economías, las deprime aún más, fundamentalmente cuando la iniciativa privada se encuentra a un nivel tan bajo como consecuencia del descenso del consumo. Plantear, como se está haciendo con tanta insistencia —por parte de los poderes públicos y empresariales y los economistas a su servicio—, que son necesarias reformas estructurales y realizar solamente modificaciones en el mercado laboral, flexibilizándolo más, reducir las pensiones, o llevar a cabo recortes en educación, salud y otras prestaciones sociales, es un grave error que estamos pagando ya y que se pagará más en el futuro.

Los ciudadanos de Grecia y Portugal, aunque no son los únicos de Europa, están pagando los duros costes de las políticas de ajuste. Hasta ahora, la amarga medicina de estas políticas la habían padecido países en desarrollo, subdesarrollados y emergentes. Los países más prósperos habían sufrido políticas de estabilización y de austeridad, pero su aplicación no había tenido consecuencias tan negativas como las sufridas por las economías de América Latina, África y algunas de Asia.

La Gran Recesión iniciada en 2007 ha hecho llegar esta amarga medicina a los países desarrollados, aunque sea a los menos avanzados de este grupo. No parece que las cosas se puedan arreglar en un plazo medio de tiempo, y lo que espera a determinados países es una larga travesía por el desierto. Las políticas de ajuste, por lo general, no posibilitan el crecimiento económico, y son las clases trabajadoras y medias las que padecen en mayor medida sus consecuencias, así como también las mujeres y los jóvenes. Mientras tanto crece la desigualdad y los grandes propietarios y ejecutivos obtienen más ganancias y sueldos.

En España, el estudio de análisis y perspectivas para 2012 realizado por la Fundación FOESSA y Cáritas, que se presentó en febrero de 2012, indica que la evolución de la renta media de la población española en el período reciente, ha estado caracterizada por una profunda caída desde el inicio de la crisis económica. La renta disponible por persona cayó en términos reales cerca de un 9 por ciento entre 2007 y 2010.

El deterioro de las rentas de los hogares se aprecia también en otras fuentes que ofrecen información sobre las condiciones de vida y la renta de la población española. Sin considerar indicadores de reparto de la renta, la sola merma del nivel medio de ingresos de la población española indica una acusada pérdida de bienestar. Si se tiene en cuenta la distribución de la renta, lo más preocupante es el rápido aumento de la desigualdad desde mediados de la pasada década. La tendencia en los dos últimos años registra un incremento sin precedentes en las dos décadas y media anteriores.

La crisis aumenta la desigualdad y, mientras la mayoría de las familias españolas contemplan cómo disminuyen sus ingresos o sufren el paro y la pobreza, los ricos han ganado más dinero aún que antes de la crisis. Una situación realmente escandalosa.

Actúa

La ciudadanía debe reaccionar y actuar ante la situación tan escandalosa que estamos viviendo. Se debe apostar por un sector público con un peso importante en la actividad económica. Es una condición necesaria para que se puedan abordar las prioridades que las formaciones políticas de izquierda, los sindicatos y las organizaciones sociales deberían asumir: corregir los innumerables fallos del mercado y crear las condiciones para fomentar modelos socialmente deseables; esto es, avanzar en el desarrollo sostenible, en mejoras en la distribución de la renta y la riqueza, así como en la igualdad de género y en los derechos y oportunidades.

Todas estas prioridades presuponen la existencia de un sistema fiscal progresivo sobre la renta y la riqueza, así como un combate decidido en la lucha contra el fraude fiscal. Pero también es importante el gasto, cuáles son los fines que se pretende alcanzar, pues no es lo mismo que se destinen cuantiosos recursos a los gastos militares que a las políticas sociales. Por esto es por lo que, más allá de debatir sobre las excelencias del déficit o del superávit, lo importante es saber qué es lo que se encuentra detrás de esas cifras, tanto si se refiere a los ingresos como a los gastos.

Hay que combatir la desigualdad, la pobreza, la exclusión social y lo que supone la gran concentración de riqueza. Hay que evitar que los costes de la crisis los paguen los de siempre, mientras los causantes siguen beneficiándose de la situación. Hay que acabar con las agencias de valoración, y hoy más que nunca hay que plantear con fuerza el necesario desarme de los mercados financieros si queremos apostar por una economía más sana, más igualitaria y sostenible.

Los mercados financieros, con su fuerza y poder, atacan a la democracia, a los derechos humanos y a la ciudadanía. Son un peligro para la convivencia democrática, y socavan los fundamentos del desarrollo económico y del Estado democrático de derecho.

En suma, hay que cuestionar las ideas que pretenden dejar a los gobiernos sin armas con las que luchar contra la crisis y en pro de los más desfavorecidos. La política fiscal y el manejo del déficit son dos de ellas.

A fin de evitar estos costes tan elevados que recaen en las clases sociales más desfavorecidas, pero también en las intermedias, hay que actuar. Es una crisis del sistema, pero, ante la imposibilidad de cambiarlo a corto plazo, hay que luchar desde dentro de él por evitar los recortes sociales, al tiempo que hay que propugnar otro desarrollo económico y social.

En este combate se precisa formular proposiciones para cambiar el orden económico internacional actual, hay que combatir por una Europa de los ciudadanos, y no de los mercados y de la moneda, y por una economía más justa, equitativa y sostenible a escala global y local.

Así pues, si los mercados han evidenciado que no son eficientes, como la mayor parte de los economistas han señalado en las tres últimas décadas, lo primero que hay que hacer a escala global, en áreas de integración económica y en el espacio nacional, es regularlos y poner coto a tanto poder. De no ser así, las economías son rehenes de estos mercados financieros, como se pone de manifiesto día tras día. Al mismo tiempo, hay que limitar la globalización financiera y efectuar reformas en profundidad del sistema bancario, que ha sido en gran parte el responsable de lo que ha pasado. El sistema se encuentra contaminado por las hipotecas basura, por la titularización de tantos productos y por los derivados tóxicos. Si todo esto no se limpia, no hay salida para la crisis.

Otro tanto se puede decir de la gran desigualdad existente. La desigualdad internacional sigue siendo escandalosa, pero ésta también ha aumentado dentro de los países ricos en estos años de fundamentalismo de mercado y de excesos de las finanzas. Hay que poner remedio a las grandes desigualdades existentes y luchar contra la infinidad de privaciones que se dan en un mundo donde una parte de la población vive en la opulencia. Es necesario y urgente llevarlo a cabo, pues no nos encontramos solamente ante una crisis económica que afecta al mundo avanzado, sino también ante una gran crisis de la civilización: desigualdades, pobreza, hambre, alternativas energéticas, conflictos bélicos y sociales.

En suma, seguimos metidos en grandes turbulencias económicas, y la crisis está lejos de resolverse. Aunque no existen remedios milagrosos para arreglar los enormes desaguisados creados por un modelo de crecimiento y por gran parte del sistema financiero, sí que se deben tomar medidas que atenúen los efectos perversos.

La crisis económica es grave por los damnificados que genera, pero es a su vez una oportunidad para cambiar. No se vislumbran pasos ni intenciones en esta dirección, lo que es doblemente preocupante. Corresponde a los ciudadanos reivindicar otra salida a la crisis y luchar por ella con propuestas progresistas y que defiendan una sociedad del bienestar.

Bibliografía

Akerlof, G. A., y R. J. Shiller, *Animal Spirits*, Gestión 2000, Barcelona, 2009.

Foster, J. B., «Un sistema fallido. La crisis mundial de la globalización capitalista y su impacto en China», *Monthly Review* (ed. en castellano), n.° 10 (2009).

Foster, J. B., y F. Magdoff, *La gran crisis financiera*, Fondo de Cultura Económica, Madrid, 2009.

Marx, K., *Las crisis del capitalismo*, introd. de Daniel Bensaïd, Sequitur, Madrid, 2009.

5

LA OLVIDADA IGUALDAD

Ignacio Escolar

IGNACIO ESCOLAR (Burgos, 1975) es periodista. Fue fundador del diario *Público* como su primer director, trabaja en prensa, radio y televisión como analista político en programas como *La Ventana* de la Cadena SER, *Las Mañanas* de Cuatro o *La Noche* en el Canal 24 horas de RTVE, entre otros espacios.

Es también autor de www.escolar.net, el blog sobre política más seguido en España, y colabora con artículos de opinión con medios internacionales como *The Guardian*, en el Reino Unido, o *Clarín*, en Argentina.

Empezó su carrera como periodista en 1995, con diecinueve años, y desde entonces ha pasado por la redacción de Informativos Telecinco, por *La Voz de Almería* —donde fue director adjunto—, por la Cadena SER o por *Cinco Días,* entre otros medios.

En septiembre de 2010, publicó su primer ensayo: *La nación inventada,* una historia divulgativa sobre la Castilla medieval, escrita a medias con su padre, el también periodista Arsenio Escolar. También es coautor del ensayo *Reacciona* y acaba de publicar su primera novela *31 noches* (2012).

Libertad, igualdad, fraternidad: es el lema oficial de Francia, un grito que nació en 1789, en la revolución de la que surgen todas las ideologías y todos los conflictos de nuestra era. Es un lema tan poderoso que fue casi lo primero que cambió el gobierno fascista de Vichy, durante la ocupación de Francia en la Segunda Guerra Mundial; lo sustituyó por «Trabajo, familia, patria». En castellano, hay quien traduce el *fraternité* francés por «solidaridad». El matiz es importante. La fraternidad remite a la familia, a los hermanos; en ese contexto, a la patria: a la unidad de todos los franceses como ciudadanos al fin, en vez de súbditos. La solidaridad es otra cosa: implica también que esos ciudadanos se ayudan los unos a los otros en una causa común que exige un esfuerzo colectivo. En cierto sentido es redundante con la segunda palabra del lema: *igualdad*. Si la igualdad, en 1789, se entendía como el fin de los privilegios de la nobleza frente al pueblo llano, la solidaridad hoy se interpreta como un mecanismo para garantizar ese derecho: la igualdad de oportunidades a través de la redistribución de la riqueza.

Pero el gran conflicto en el lema francés se da entre sus primeros dos valores ¿Qué es lo más importante, la libertad o la igualdad? Más de la mitad del siglo XX se puede resumir en esa pregunta, como un conflicto mundial entre ambas ideas, entre dos maneras de entender la sociedad. Un bloque, el soviético, reivindicaba como prioritaria la igualdad mientras que el otro, el occidental, ponía la libertad por encima de cualquier otra cosa. En 1920, un socialista español, Fernando de los Ríos, viajó a la URSS y se reunió con Lenin, el líder de la Revolución de Octubre. Su pregunta —«¿Y la libertad?»— pasó a la historia por la respuesta que Lenin le dio: «¿Libertad, para qué?». La URSS logró la igualdad más absoluta que jamás se vio en el mundo a cambio de renunciar a la libertad, un corsé que resultó insoportable para sus propios ciudadanos y que, durante los años de Stalin, degeneraría en un régimen de terror. Mientras tanto, Estados Unidos construyó la sociedad más próspera del planeta pero también la más injusta: el país más rico y con las mayores desigualdades económicas del mundo.

Entre ambos bloques, y precisamente por la presión de ambos, Europa ha sido capaz durante décadas de compaginar ambas palabras en un equilibrio envidiable: la libertad y la igualdad, a través de la solidaridad. Eso es el Estado del bienestar europeo. Tal vez una burbuja en la historia, hoy en peligro de extinción, que pudo desarrollarse porque Europa era una sociedad libre, dentro del bloque occidental: una zona de frontera entre ambas superpotencias que había sido arrasada por la Segunda Guerra Mundial. El modelo europeo nace en una falla sísmica entre aquellos dos gigantes. El capitalismo a la europea apostó también por la igualdad, y no sólo por la libertad, porque al otro lado del Telón de Acero había quien prometía el paraíso para la clase trabajadora, aunque ese paraíso nunca existió. Para evitar el ascenso del comunismo en una Europa derrotada por la guerra, nació un modelo capitalista de rostro amable: con pensiones, con sanidad pública, con subsidios de desempleo, con educación pública y con derechos laborales. Un capitalismo menos competitivo que el estadounidense a cambio de paz social.

Ese modelo agoniza.

El Estado social europeo no se hunde porque sea económicamente insostenible. Es verdad, la población europea es cada vez más mayor, envejece a medida que aumenta la esperanza de vida. Pero también es inmensamente más rica. Si la Europa arruinada de la posguerra fue capaz de construir el

Estado del bienestar, ¿por qué la Europa próspera del siglo XXI va a ser incapaz de mantenerlo?

«La mejor jugada del diablo fue convencer al mundo de que no existía» (Keyser Söze, el protagonista de la película «Sospechosos habituales»)

Parafraseando la cita: la mejor jugada del neoliberalismo económico fue convencer al mundo de que su ideología no existía, que estábamos ante una ciencia rigurosa y exacta con leyes fundamentales tan sólidas como la física newtoniana. Sus dos principales axiomas son perfectamente conocidos: «el mercado se autorregula» y «lo privado siempre es mejor que lo público». Son dos premisas falsas. La primera ha quedado desmantelada por la quiebra del sistema financiero mundial, que va a la quiebra por la falta de una regulación adecuada. La segunda es una media verdad. Es cierto que el Estado es menos eficiente que el sector privado fabricando, por ejemplo, coches. Pero hay determinados servicios y prestaciones que sólo el Estado es capaz de suministrar de forma eficaz y justa. El caso más evidente es el de la sanidad. Al contrario de lo que dicta la teoría neoliberal, la práctica demuestra que son más eficientes los países que cuentan con un sistema de salud público: consiguen más prestaciones con menos recursos. España, por ejemplo, emplea un 9,9 por ciento del PIB en sanidad (6,6 por ciento público y 3,3 por ciento privado) y a cambio consigue un sistema de salud universal y con las mejores prestaciones, capaz de proporcionar a los españoles una de las esperanzas de vida más altas del mundo. Estados Unidos, mientras tanto, gasta más del 17 por ciento del PIB, pero no cuenta con una cobertura universal como la española. A pesar de ese ingente gasto sanitario, algunas ciudades estadounidenses tienen tasas de mortalidad infantil más propias de un país subdesarrollado.

«El mercado se autorregula» y «lo privado siempre es mejor que lo público»: durante las últimas tres décadas, Occidente ha asistido a un enorme proceso propagandístico que, a partir de estas dos premisas equivocadas, ha dado falsos argumentos técnicos a quienes querían desmontar por motivos ideológicos el Estado del bienestar. Ha sido una contrarreforma en toda regla que, metódicamente, ha buscado arrasar con todos los avances en pro de la igualdad que los europeos conquistaron desde el final de la Segunda Guerra Mundial hasta la crisis del petróleo de los años setenta. A partir de los ochenta, en estos últimos treinta años, también fueron dinamitados muchos de los mecanismos de seguridad que el propio capitalismo había levantado tras la Gran Depresión para que no volviese a suceder otro crac como el del 29. Esa ideología disfrazada de ciencia destrozó todos los cortafuegos, reglas básicas de la regulación económica, como que no se podían mezclar las huchas y los casinos —la banca mayorista y la banca de inversión—, o que, si una empresa o un banco es demasiado grande para caer, también es demasiado grande para existir.

Es obvio que el neoliberalismo económico falló; está ahí la lápida de Lehman Brothers para demostrarlo. Pero el siguiente salto mortal ha sido aún más alucinante. La crisis económica provocada por el colapso del sector financiero se está cerrando no con una reforma de toda esa banca que quebró —y que tuvieron que salvar los gobiernos con el dinero de los contribuyentes—, sino con una ofensiva contra el Estado, contra lo público, liderada desde la misma banca de inversión que provocó el terremoto. Íbamos a reformar el capitalismo y al final es el capitalismo quien nos ha reformado a nosotros.

La contrarreforma contra el modelo europeo —libertad, igualdad y solidaridad— se ha acelerado con la crisis, pero la demolición del Estado del bienestar se inició hace tiempo ya. Desde hace treinta años, la igualdad de oportunidades retrocede porque la desigualdad económica aumenta en prácticamente todas las democracias occidentales. El ascensor social se ha detenido y los estratos sociales cada vez son más estamentales. Los hijos pueden aspirar a ser un poquito más o un poquito menos que sus padres y apenas hay movilidad social. ¿Por qué?

Hay tres causas que explican el deterioro del modelo europeo. La primera es evidente: el derrumbe del bloque soviético. El propio capitalismo lo explica: los monopolios llevan al abuso y el monopolio ideológico del bloque de la libertad —sin ningún contrapoder— ha socavado las políticas de la igualdad. Fue el miedo a la URSS lo que permitió el nacimiento del Estado del bienestar en Europa. Por eso la caída del Muro de Berlín también es la fecha en la que se inicia su declive.

La segunda causa: la globalización y la deslocalización del trabajo

Hasta la guerra se deslocaliza. Hay unos pilotos que todos los días lanzan bombas sobre Afganistán, pero que jamás han pisado ese país y que cenan todas las noches con su familia, en su hogar. Son los operarios que manejan los aviones teledirigidos MQ-1 Predator y MQ-9 Reaper desde la base militar de Creech, al norte de Las Vegas, en Nevada. Otro ejemplo, también de Estados Unidos: algunos restaurantes de comida rápida sin bajarse del coche —los «drive-thru»— están empezando a sustituir a los empleados que atienden a los clientes por trabajadores en la otra punta del mundo que, a través de un altavoz y un micrófono, toman nota del pedido desde la India o Filipinas para después enviar de vuelta la comanda a la cocina. La distancia es abismal en kilómetros, pero también en salarios. Sólo la segunda variable importa: con internet, hoy sale más rentable subcontratar fuera del primer mundo al que apunta las «dos hamburguesas con queso». ¡Quién necesita inmigrantes cuando pueden vivir el «sueño americano» sin salir de casa!

La deslocalización ya no sólo afecta a la industria o a la agricultura, ahora también le toca al sector servicios. Empezó con los centros de atención telefónica, pero pronto cualquier empleo susceptible de teletrabajo podrá ser reemplazado por otro trabajador con condiciones laborales aún más precarias. En la nueva cadena del capitalismo globalizado, el precio lo marcará el eslabón más débil, el país con la mano de obra más barata.

La globalización de la economía también deja fuera de juego a las principales armas de la lucha obrera, las que permitieron mejorar las condiciones de los trabajadores desde el infierno de los telares ingleses del XIX que retrató Dickens dos siglos atrás. La lucha sindical clásica está hoy debilitada cuando muchos empresarios pueden mover la producción a otros países. Basta la simple amenaza de trasladar la factoría para que los propios trabajadores se vean obligados a elegir entre lo malo y lo peor: entre rebajar su salario o perder su trabajo. Hace unos años, en marzo de 2009, los trabajadores de la SEAT en Martorell tuvieron que votar si accedían a congelar sus salarios y perder poder adquisitivo —es lo que provoca congelar sueldos en una economía con inflación— a cambio de poder fabricar un nuevo modelo de Audi, el Q3. Votó el 76,36 por ciento de la plantilla (en aquel momento eran 10.300 trabajadores en total). El 65,5 por ciento dijo sí a la congelación salarial.

En esa votación de la SEAT se resume el drama de la deslocalización. Es una pregunta envenenada a la que se enfrentan muchos otros trabajadores europeos. «¿Qué prefieres? ¿Perder el trabajo o un trabajo peor?» En España, la crisis del euro está agravando este deterioro de las condiciones laborales, un proceso que irá a muchísimo más con la nueva reforma laboral. Hasta la llegada de la moneda única, la salida habitual con la que España recuperaba competitividad y salía de las crisis pasaba por devaluar la peseta. Era una forma relativamente justa de repartir la factura entre todos: la devaluación de la moneda —bien a través de una decisión cambiaria del Banco de España o, poco a poco, a través de la inflación— beneficia a los que tienen deudas frente a los que tienen ahorros; es una salida que perjudica más a los ricos que a los pobres. En esta segunda gran depresión, dentro del euro, la devaluación ya no se hará a través de la moneda, no hay peseta que rebajar. Serán los trabajadores quienes sean devaluados, con reducciones de sus sueldos y de sus condiciones laborales. Ya está pasando. Los asalariados pierden poder adquisitivo y quienes mantienen su puesto son hoy más productivos porque las plantillas menguan y el trabajo es mayor; hay menos manos. El peso global de los salarios en el PIB del país llegó en 2011 a su mínimo histórico. Hace treinta años, a principios de los ochenta, todas las rentas salariales sumaban el 53 por ciento del PIB; en 2011 sólo alcanzan el 46 por ciento y, por primera vez desde que existe esta estadística, las rentas del trabajo son menores que las rentas de los empresarios y autónomos (el 46,2 por ciento, a pesar de ser muchísimos menos a repartir).

La tercera causa que explica el declive del Estado del bienestar también tiene que ver con la tecnología y con la globalización: está en los paraísos fiscales y en la extraordinaria velocidad y libertad con que hoy se mueve el capital

Al igual que los trabajadores de la SEAT, que se ven obligados a elegir entre lo malo y lo peor, a los gobiernos les toca optar entre cobrar poco a sus grandes fortunas o no cobrarles nada porque sus ahorros se van a Suiza. Es otra pregunta trampa, porque ni siquiera cediendo a este chantaje se evita el deterioro de la fiscalidad como herramienta para la redistribución de la riqueza, para una distribución equitativa de la renta; un concepto que está en la propia Constitución española.

> Artículo 40: Los poderes públicos promoverán las condiciones favorables para el progreso social y económico y para una distribución de la renta regional y personal más equitativa, en el marco de una política de estabilidad económica. De manera especial realizarán una política orientada al pleno empleo.

Nuestra Constitución está redactada en 1977. Se nota. Hablar hoy de distribución equitativa de la renta —es decir, de redistribución de la riqueza, de igualdad— casi parece propio de antisistemas o algo peor. A finales de los años setenta era una idea que se asumía como indiscutible e indispensable para la prosperidad de toda la sociedad. Ahí sigue, en nuestra Constitución, aunque hace ya tiempo que este punto, como tantos otros, es papel mojado.

La fiscalidad en España, como en el resto de Europa, es cada vez menos progresiva: cada vez pagan menos los que tienen más. Según los datos de la Agencia Tributaria, una persona que en 1993 declarase ganar 30 millones de pesetas al año pagó casi la mitad de sus ingresos al fisco: el 49,5 por ciento. En 2008, una renta equivalente —291.000 euros al año, si corregimos los 30 millones teniendo en cuenta la inflación— pagó sólo el 30,8 por ciento, 18 puntos menos. Para una renta altísima —para alguien que en 2008 declarase ganar 600.000 euros al año—, el tipo medio efectivo en 2008 fue incluso más bajo: el 27,4 por ciento. Pero los porcentajes reales que pagan los ricos son, sin duda, incluso inferiores porque son muy pocas las grandes fortunas que tributan sus ingresos a través de la declaración de la renta. La mayoría utilizan sociedades patrimoniales o, si son aún más ricos, las SICAV o los paraísos fiscales, donde los impuestos son todavía más bajos o directamente inexistentes. La progresividad fiscal en España es una curva que tiene la forma de la boa que se comió al elefante que dibujó el Principito: algo parecido a un sombrero (con el que nos toman el pelo). Los que ganan poco pagan poco. La clase media asalariada paga mucho y, a partir de determinado nivel de renta, la progresividad se invierte y cada vez se paga menos: primero a través de una SL patrimonial, después con una SICAV y, para los aún más ricos, siempre queda el paraíso fiscal.

La presión fiscal en España retrata un modelo subdesarrollado. En 2010, entre todas las administraciones y todos los impuestos, alcanzó el 31,5 por ciento del PIB. La media europea es del 40 por ciento y esos nueve puntos de distancia coinciden prácticamente con el déficit público.

Ese 31,5 por ciento, además, se recauda de forma completamente injusta. Los impuestos al trabajo —lo que pagan esa inmensa mayoría de españoles que cobran una nómina— sí que están en niveles europeos (cosa que no pasa con los sueldos). El agujero fiscal está en los impuestos indirectos: el IVA y las tasas al alcohol, al tabaco y a la energía son de los más bajos de Europa. También en las empresas, cuya tributación ha caído a la mitad por culpa de la crisis.

En el año 2010, las empresas españolas sólo pagaron en impuestos el 9,9 por ciento de sus beneficios. Desde que se registra este porcentaje, nunca ha sido tan bajo, y el descenso no es exclusivamente achacable a la crisis porque hablamos de un porcentaje sobre los beneficios declarados, no sobre la actividad económica. En 1999, el tipo efectivo era del 22,8 por ciento. En teoría, según el tipo nominal, pagan menos impuestos las pymes (25 por ciento) que las grandes empresas (30 por ciento). En la práctica es justo al contrario: cuanto más grande es una empresa, menos paga. ¿La razón? Las deducciones son tan extremadamente complejas y abundantes que las pymes son incapaces de beneficiarse de todas ellas porque las desconocen y tampoco pueden pagar a los expertos adecuados para exprimir el último euro deducible.

Otra anormalidad del sistema fiscal español: según denuncia desde hace años GESTHA, el sindicato de los técnicos de Hacienda, los autónomos y las pymes que tributan por IRPF declaran siempre menos ingresos de media que los asalariados y los pensionistas. En el año 2009, los primeros declararon ganar de media 11.036 euros al año frente a 19.359 de los segundos. Según GESTHA, es la prueba de un fraude estructural, masivo y generalizado de aquellos que no tienen sus ingresos bajo un control estricto; no es normal que un profesional liberal gane de media menos que un pensionista. El grado de impunidad de este tipo de fraude es tal que los defraudadores ni se molestan en ocultarlo. Como anécdota, cuenta un ex secretario de Estado de la Seguridad Social que incluso su dentista —plenamente consciente de con quién estaba hablando— le llegó a plantear la famosa pregunta, tan española: «¿Con IVA o sin IVA?».

El ejemplo de las pymes frente a las grandes empresas, o el de los autónomos frente a los asalariados, demuestra la perversión del modelo fiscal. En teoría el IRPF, o el impuesto de sociedades, es progresivo y cumple el mandato constitucional: promover una distribución de la riqueza más equitativa. En la práctica, la letra pequeña permite que sea justo al revés. El sistema fiscal no sólo no combate la desigualdad económica, sino que la fomenta. Entre los ejemplos más sangrantes de regresividad fiscal están los famosos 400 euros que, hace unos años, aprobó Zapatero, las deducciones por los planes privados de pensiones —donde el Estado aporta más precisamente a los que más tienen— o las ayudas a la compra de vivienda. ¿Tiene sentido que la sociedad subvencione incluso a un millonario que se compra una mansión de tres millones de euros con la única condición de que sea su residencia habitual?

De poco sirve aumentar los tramos altos del IRPF —que pagamos todos los españoles— porque ni siquiera así se consigue aumentar la progresividad. Con las últimas subidas de impuestos, Cataluña ha alcanzado un tipo marginal máximo

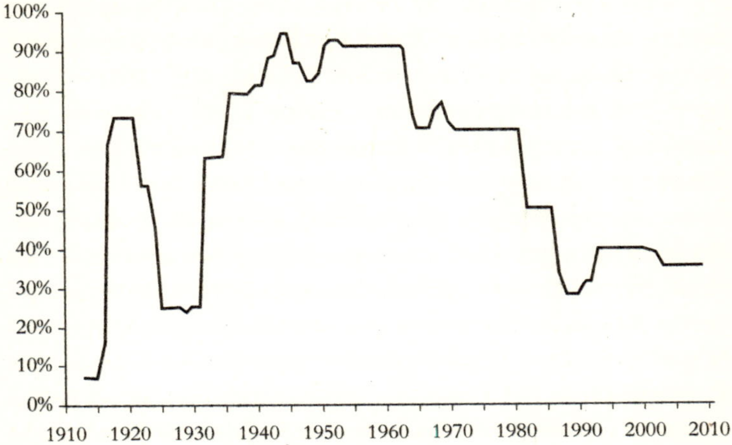

Evolución del tipo máximo marginal en Estados Unidos (Fuente: The Tax Foundation).

(el de las rentas más altas) del 56 por ciento. Sólo la isla de Aruba (59 por ciento) y Suecia (56,6 por ciento) tienen un IRPF superior. Ninguno de los dos se parece mucho a Cataluña. Aruba es un paraíso fiscal en el Caribe que cobra un elevado IRPF a los asalariados mejor pagados para compensar que no recauda nada de las empresas. Suecia es uno de los países del mundo con mayor gasto social.

Con todo, el tipo marginal máximo del 56 por ciento que hoy parece desorbitado es muy bajo si miramos su evolución durante el último siglo en el resto del mundo. En España, no hace tanto, era del 65 por ciento. En Estados Unidos llegó a estar en el 90 por ciento durante los años cincuenta, y bajó al 70 por ciento durante los sesenta y setenta. No fue hasta la llegada de Ronald Reagan, en los años ochenta, cuando los impuestos a los más ricos comenzaron a bajar.

Reagan fue de los primeros abanderados en aplicar una teoría económica liberal conocida como la «curva de Laffer».

¿La tesis? Que a partir de cierto punto, las subidas de impuestos no generan más ingresos al Estado, sino menos, porque reducen la actividad económica. La idea de Laffer —bastante controvertida desde sus inicios y que aún está por demostrar en la práctica— fue además manipulada para convertirse en un dogma completamente falso: que subir impuestos siempre reduce la recaudación. O dicho al contrario: que bajar los impuestos siempre genera más recaudación. Es obvio que no ha sido así: entre los años 2000 y 2010, las sucesivas bajadas de impuestos que primero promovió Aznar y después continuó Zapatero hicieron retroceder la capacidad de recaudación del Estado en 28.000 millones anuales. Por comparar, 28.000 millones es aproximadamente la mitad de lo que cuesta al año la Sanidad.

Sin embargo, el verdadero problema del IRPF es que los auténticamente ricos no aparecen retratados en ese impuesto, y más aún en España, donde existe entre un 20 por ciento y un 22 por ciento de economía sumergida; un fraude fiscal del tamaño de la Atlántida, aún por emerger. Algunos cálculos cifran este agujero en las cuentas públicas en 70.000 millones de euros al año: unos siete puntos del PIB.

La desigualdad no sólo está aumentando por la vía de los ingresos, por cómo y de quién recauda el sector público

También lo está haciendo por la vía del gasto, por cómo se emplea el dinero público. No todas las partidas son iguales ni tienen el mismo efecto en la sociedad. No todo el gasto público implica redistribuir la riqueza. No es lo mismo gastar el dinero de todos en el metro que en aeropuertos. Si se gasta en el metro, o en autobuses, favorece a una mayoría de trabajadores que madrugan; si se gasta en aeropuertos, favorece a una minoría privilegiada, que es la que usa este tipo de transporte más de un par de veces al año. Tampoco es igual gastar el dinero público en guarderías que en universidades. Es mucho más redistributivo emplear el dinero de todos en la educación infantil —un tramo educativo por el que pasan todos los niños— que en la universidad, a la que los más desfavorecidos no siempre consiguen llegar.

Que nuestro sistema fiscal no detecte las bolsas de fraude y no sirva tampoco para medir el nivel de riqueza real de cada ciudadano, también impide que se pueda redistribuir de forma eficiente la riqueza a través del gasto. Cuando Hacienda no funciona, unir las ayudas públicas al nivel de renta declarado —las becas, por ejemplo— provoca un efecto aún más perverso: quienes más las necesitan no son siempre quienes las consiguen.

La igualdad retrocede por todos estos factores

Los efectos de la crisis, de las políticas fiscales y del gasto público se notan cada día más. España, según el informe de Cáritas sobre pobreza del año 2011, es ya el país con mayor desigualdad económica de toda la Unión Europea. El 22 por ciento de los españoles están por debajo del umbral de la pobreza —menos de 7.800 euros anuales— y hay 580.000 familias que han perdido todos los subsidios, además del trabajo. Hoy, más que nunca, es necesaria la solidaridad del viejo lema revolucionario. También es necesario explicar una obviedad: la lucha contra la desigualdad económica no sólo es una batalla justa. No se trata de redistribuir la riqueza por una cuestión exclusivamente moral. No es sólo por bondad, es también por puro egoísmo. Las sociedades con una gran desigualdad económica son también menos eficaces; son países con mayor criminalidad y mayor número de muertes violentas. La desigualdad llevada al extremo sólo conduce históricamente a un lugar: a las revueltas sociales. Ya estamos viendo en Occidente los primeros síntomas de lo que sucede cuando el 1 por ciento se aprovecha del 99 por ciento restante. Esas protestas, sin duda, irán a más.

Que la igualdad retroceda también es una amenaza para la libertad

El siglo XXI será muy probablemente de China, un país donde sigue sin haber libertad, pero donde también se abandonó la igualdad. Ni comunismo ni capitalismo, sólo lo peor de ambos mundos. Es el signo de estos tiempos, en los que China demanda un proceso más democrático para elegir al director del FMI mientras esa misma palabra está vetada en casa. Son las contradicciones del siglo XXI. Una dictadura comunista pide democracia para decidir quién es el banquero mundial, mientras las democracias capitalistas aplican el comunismo para socializar las pérdidas del sector financiero. Libertad de movimientos para el capital, o para los puestos de trabajo, pero fronteras para las personas. Oligarquías financieras o de partido único, da casi igual.

Durante años se dijo que esto no podía suceder; que la democracia llegaría a China porque era imposible aplicar la llamada «libertad económica» sin que la sociedad conquiste a la vez la libertad individual. Es obvio que aquel pronóstico falló, y la duda es si pasará justo al revés: si será China quien exporte su modelo a los demás.

La igualdad está en retroceso desde hace treinta años. ¿Y la libertad? ¿Qué será de ella? ¿Podrá sobrevivir la libertad a unos poderes económicos capaces de gobernar sin pasar jamás por las urnas? ¿Qué libertad tienen los países endeudados? En juego está el propio sistema democrático, que queda desfigurado cuando quien gobierna no ha sido votado, como sucede ya en Grecia o en Italia con los llamados «tecnócratas»: cuando ese cambio se impone y se decide desde Bruselas o desde los mercados financieros. Esa sensación de desamparo la explica muy bien el filósofo alemán Jürgen Habermas en un reciente artículo en *Le Monde*, donde resume este drama en una sola frase: «La democracia en un solo país no puede siquiera defenderse contra los ultimátums de un capitalismo furioso que traspasa las fronteras nacionales».

Libertad, igualdad, fraternidad. Más de dos siglos después, el viejo lema francés sigue siendo igual de revolucionario.

6

CAMPEONES DEL PARO Y LA PRECARIEDAD

Albert Recio

Albert Recio nació en Barcelona en 1949. Es doctor en Economía por la Universitat Autònoma de Barcelona y profesor titular del Departamento de Economía Aplicada de la UAB. Ha realizado numerosos trabajos de investigación y publicaciones en economía laboral (salarios, sindicatos, segmentación laboral, flexibilidad, etc.). Es miembro del consejo redactor de las revistas *Revista de Economía Crítica* y *Mientras Tanto*, donde publica mensualmente un «Cuaderno de depresión» (antes «Cuaderno de crisis»). Véase www.mientrastanto.org.

Es activista en diversos movimientos sociales.

5,2 millones de parados, un 25 por ciento de empleo temporal, ingresos salariales en caída libre... Mírese por donde se mire, el mercado laboral español ofrece una imagen dramática. Es normal que se nos pida a los presuntos expertos un diagnóstico certero, un plan de medidas para resolver el drama. Se trata de un tema maldito. Maldito por su mismo contenido: detrás del paro y la precariedad hay mucho sufrimiento, mucha inseguridad, mucha pobreza, mucha desesperanza. Maldito por la dificultad de explicar con sencillez sus causas, sus dinámicas. Y aún más maldito a la hora de promover políticas para resolverlo, para dar respuesta urgente a cuestiones de resolución lenta y compleja. Cuando se aborda este tema uno se siente como los personajes de *La peste*, de Albert Camus, impotentes ante la extensión del mal, ante la falta de medios para tratarlo, ante el desconocimiento de parte del proceso. Pero no sirve de nada quedarse sentado esperando que la epidemia amaine. Hay que tratar de entender la situación, de buscar respuestas, de promover acciones. Apenas se puede intentar otra cosa, sin embargo, que esgrimir argumentos que ayuden a otras personas a profundizar en el análisis y la acción, pues sólo con un debate y una respuesta colectivos conseguiremos emerger de este pozo sin salida al que nos han condenado treinta años de hegemonía neoliberal.

El paro, un problema de las economías capitalistas

Cada sociedad tiene su particular tipo de males. El paro es una de las enfermedades endémicas del capitalismo. Una enfermedad que tiene que ver con su particular estructura institucional. El paro es un problema que aparece cuando un grupo social controla la mayor parte de los medios de producción y da empleo al resto de las personas. En estas sociedades, para la mayoría de la población garantizar la subsistencia pasa por encontrar a alguien que le emplee y le pague un salario con el que podrá adquirir los bienes y servicios que necesita. Lógicamente, es el empleador quien determina el empleo. Y sólo contratará a un empleado si la producción que éste realiza le garantiza un determinado nivel de rentabilidad una vez deducido el salario. Si por cualquier razón los empleadores consideran que la rentabilidad que genera el trabajador no es suficiente, no habrá creación de empleo.

En las economías tradicionales se trabaja en función del producto que se quiere obtener; el trabajo es el medio para alcanzar el objetivo final de satisfacer las necesidades. En las sociedades capitalistas, encontrar un empleo se convierte en el objetivo prioritario, aunque importen poco su contenido y el producto que haya que crear; lo importante es encontrar un lugar que garantice una renta monetaria. El objetivo del pleno empleo no tiene en cuenta qué se produce y cuál es su destino final, sino sólo si todo el mundo tiene acceso a un empleo remunerado. La sociedad se desentiende del contenido material de la actividad económica, da lo mismo producir armas que bienes de primera necesidad. Lo que parece importante es que todo el mundo esté ocupado. Y resulta que el funcionamiento real de las economías de mercado no siempre garantiza este objetivo.

No hay un solo diagnóstico

Cuando se produce una epidemia, pedimos a los expertos que realicen un diagnóstico y promuevan soluciones. Confiamos en que el desarrollo científico nos ilumine el camino.

El problema estriba en que la economía no es una ciencia normal (posiblemente ni siquiera sea del todo una ciencia) y en que los presuntos expertos mantienen posiciones encontradas entre sí. Con todo, cabe decir que el mensaje que más reiteradamente llega a la población es el de la corriente dominante (bien instalada en la academia y en los principales centros de poder económico) que es la que lleva la batuta a la hora de promover políticas en la crisis actual. Es más o menos lo que se utiliza para justificar las reformas laborales de los últimos años, lo que ellos han llamado «reformas estructurales», que llevan aplicando desde hace treinta años en todos los países bajo su control.

Pero hay muchos otros economistas que difieren de este análisis, que coinciden en señalar que una economía capitalista —en que cada empresa toma decisiones individuales sin coordinación con el resto, en que la búsqueda del beneficio es el dato principal que se tiene en cuenta— acaba por generar desempleo. Estos análisis han mostrado que la de las economías capitalistas es una historia de turbulencias, de fases de desempleo masivo, de inestabilidad. Y por ello sus propuestas están orientadas a promover la intervención pública, a utilizar el sector público como un medio para estabilizar la economía y eliminar los efectos negativos que a menudo generan las empresas y los mercados.

Puestos a ofrecer un símil médico, diríamos que el paro es como la fiebre, un efecto que aparece en muchas enfermedades. Para la ortodoxia dominante basta con tratar la fiebre para acabar con el problema, mientras que para los demás la fiebre sólo bajará si tratamos las causas profundas de la enfermedad, que se encuentran en otra parte. Hay que actuar sobre el conjunto de la economía y no tratar el desempleo como un problema exclusivo del mercado laboral.

Estos enfoques alternativos consiguieron imponerse en parte al final de la Segunda Guerra Mundial y dieron lugar al capitalismo keynesiano, una especie de pacto social en el que desempeñaban un importante papel el sector público, el desarrollo de políticas públicas de bienestar, una mejora negociada de los salarios y las condiciones de trabajo... Fue lo que algunos han llamado la «época dorada del capitalismo», que finalizó abruptamente con la crisis sistémica que estalló a partir de 1973.

La crisis del neoliberalismo

La forma en que se resolvió la crisis de los años setenta supuso un cambio importante en la gestión de la economía; es lo que se ha dado en llamar «neoliberalismo». De hecho, se trataba de volver al viejo enfoque que culpa a las regulaciones del desempleo y trata de reforzar por vías diversas el poder del capital. Una auténtica contrarrevolución. Y es en buena parte el neoliberalismo el que nos ha conducido a la situación actual.

La implantación de las políticas neoliberales se produjo por la combinación de diversos factores, pero, sin duda, la razón principal de este giro histórico la había previsto mucho antes el economista polaco Michel Kalecki, uno de los más insignes promotores de la «revolución keynesiana». En su opinión, una economía del pleno empleo era contradictoria con el mantenimiento de una economía capitalista, fundamentalmente porque el pleno empleo erosiona el poder de los capitalistas por dos vías: el pleno empleo aumenta la libertad de los trabajadores al eliminar el poder disciplinario del despido (si me despiden encontraré fácilmente otro empleo) y, al mismo tiempo, aumenta el poder de la política democrática (puesto que es la gestión pública y no el emprendedor individual la que a la postre se presenta como avalador del empleo). Para Kalecki había dos salidas: o el capitalismo se transformaba en otro tipo de sociedad (con menos poder empresarial y más democracia) o, lo que él veía más probable, los empresarios promocionarían la vuelta a las viejas políticas con el fin de recomponer su poder. Cualquiera que estudie con detalle los avatares económicos, políticos e intelectuales de aquella década, podrá percibir que esto último fue lo que ocurrió, que tuvo lugar una «recuperación» del poder del capital y de la cultura económica que lo justifica. Los certeros análisis de historiadores como Eric Hobsbawm o Josep Fontana permiten reconstruir este proceso histórico. Un proceso que no hay que entender como el resultado de una mera conspiración (aunque éstas son frecuentes), sino como una acumulación de dinámicas que confluyeron en la victoria paulatina del neoliberalismo, encarnado en las políticas de Reagan y Thatcher, y promocionado (o impuesto) *urbi et orbi* por instituciones como el Fondo Monetario Internacional, la OCDE o la misma Unión Europea.

El neoliberalismo no constituye un modelo coherente, pero podemos encontrar un conjunto de políticas comunes que han determinado el modelo de capitalismo imperante en las tres últimas décadas. Entre estos rasgos comunes podemos señalar los siguientes:

a) El pleno empleo deja de ser el objetivo principal de la política económica; lo importante es controlar la inflación, aun a costa de generar paro. No hace falta promover la creación de empleo, pues para reducir el paro hay que aplicar «medidas estructurales», esto es, reducir los derechos de los trabajadores, debilitar a las organizaciones sindicales. Son políticas que se han envuelto bajo el eslogan de la «flexibilidad laboral».

b) Plena libertad a los movimientos de capitales y de bienes y servicios a escala planetaria, lo cual contrasta con el reforzamiento de muchas barreras a la movilidad de las personas provenientes de los países pobres (a excepción de algunas profesiones de élite y de sus capitalistas). El resultado de esta apertura ha sido doble: la globalización económica, que ha reforzado el papel de las empresas transnacionales, y la «financiarización» de la economía. Las reformas en la esfera financiera han propiciado enormes posibilidades al capitalismo especulador, han reforzado el poder social de los rentistas y han sido el origen de muchos sobresaltos económicos. Es lo que se ha llamado «capitalismo de casino» o «capitalismo de la usura».

c) Políticas amables con los ricos: rebajas de impuestos, privatizaciones, cesión de parte de la gestión pública a empresas privadas, recortes en los sistemas públicos de bienestar, etc.

d) Al calor de estas reformas, y como respuesta al nuevo clima económico, se produjo asimismo una importante reorganización de las estructuras empresariales, especialmente de las grandes empresas. Ello ha tenido lugar mediante complejos y variados procesos de externalización y subcontratación, de diferenciación de las condiciones de contratación laboral, de introducción de nuevas técnicas de gestión interna orientadas a generar presión sobre las unidades de negocio y los trabajadores individuales, de externalización del riesgo, etc.

El modelo económico surgido de estas políticas ha dado lugar a un importante aumento de las desigualdades tanto sociales como entre territorios. La actividad económica se ha concentrado en determinadas zonas del planeta y han proliferado los desequilibrios comerciales; algunos países siempre tienen superávit (como Alemania o China) y otros siempre tienen déficit (España, Estados Unidos…). Estos últimos tienen problemas de endeudamiento externo y de destrucción de empleo. La riqueza se ha concentrado en las capas más ricas por varios medios, los directivos empresariales han tenido mayor libertad para autootorgarse renta, los salarios se han deprimido y, encima, los ricos pagan muchos menos impuestos.

El otro gran efecto ha sido una mayor inestabilidad económica. Las crisis financieras se han ido sucediendo hasta el gran estallido de 2008. El reverso de estas desigualdades y de esta inestabilidad han sido los graves problemas que han ido experimentando muchos países a los que los organismos internacionales y financieros han forzado a aplicar criminales políticas de ajuste. Lo que ahora ocurre en España, Grecia y Portugal es lo mismo que hace años se les obligó a aplicar a muchos países latinoamericanos, africanos y asiáticos: planes de ajuste que han acarreado enormes costes sociales.

La promoción de la flexibilidad laboral ha sido un eufemismo para favorecer la demolición de derechos, promover los empleos de corta duración y exigir a las personas que se adapten dócilmente al objetivo de la rentabilidad empresarial. En la práctica, un mercado laboral más flexible se ha traducido en mayor inseguridad económica para muchos, mayores desigualdades salariales, horarios laborales inadecuados para la vida social y familiar, menor estabilidad en el empleo, etc.

El neoliberalismo ha tenido resultados nefastos en muchos terrenos —desigualdades, inseguridad, inestabilidad— y, además, ha agravado el problema más acuciante que afecta a la humanidad: el de la sostenibilidad. Toda la economía mundial se sustenta sobre bases materiales imposibles de prolongar en el tiempo: dependencia de recursos no renovables, destrucción de la biodiversidad, superación de la capacidad de carga de los sistemas naturales, calentamiento global... Cualquier planteamiento serio de la actividad económica debe incorporar estas cuestiones y ofrecer propuestas que permitan al conjunto de la población mundial afrontar unos problemas de gran envergadura. Lejos de ello, la gestión neoliberal de la actividad económica se ha articulado entre la ignorancia y el agravamiento de la situación.

Durante un tiempo, el endeudamiento financiero sirvió para camuflar la situación, pero mostró sus límites y nos sumió en una situación dramática. Lo peor de todo es, sin embargo, que lejos de dar lugar a una revisión profunda de las políticas llevadas a cabo, la crisis está siendo utilizada para profundizar en las mismas políticas y, con ello, agravar aún más la situación.

Las razones particulares del elevado paro español

Parafraseando a Tolstói, podemos decir que, con la crisis, todos los países experimentan una tragedia, pero cada uno la vive de una forma particular. La tragedia española es particularmente acusada, pues somos campeones en cuanto a paro, precariedad y desigualdades. ¿Cómo se explica un desastre de esta magnitud? ¿Por qué la situación es peor que en otras partes? Los problemas del país no son de ahora, sino que tienen una larga gestación. Posiblemente se habrían manifestado aunque no se hubiera producido una crisis global. Para actuar con políticas adecuadas es preciso conocer las raíces del problema.

Los defectos de hoy vienen de lejos, del pasado franquista y de cómo España se abrió a la economía internacional. España tuvo, tradicionalmente, una economía bastante cerrada al exterior, con predominio de los bajos salarios (en buena medida fruto de la derrota obrera en la Guerra Civil) y con un escasísimo desarrollo del sector público. Con la Transición se produjeron, a la vez, una paulatina apertura al exterior y el desarrollo de un cierto Estado del bienestar.

La apertura exterior generó cambios sustanciales en nuestra estructura económica. Muchas de las grandes empresas industriales del país pasaron a manos de multinacionales extranjeras, algunos sectores (como el textil o el del calzado) experimentaron el impacto de la deslocalización hacia países de muy bajos salarios, y a muchas empresas les resultó difícil el tránsito de operar en el mercado interno a internacionalizarse. Por su parte, los grandes grupos capitalistas locales llevaron a cabo (favorecidos por sustanciosas ayudas públicas) una importante reorganización, abandonando en gran medida la actividad industrial, concentrándose en actividades como las obras, los servicios públicos y la gestión de infraestructuras, e iniciando una exitosa expansión internacional. El resultado de estas transformaciones fue el de generar una moderada, pero inevitable, desindustrialización (pérdida de empleo y peso de la actividad industrial) y un déficit exterior casi permanente (puesto que importamos más de lo que exportamos, tanto materias primas —petróleo, gas, minerales, soja, etc.— como bienes manufacturados). Un efecto de esta situación ha sido la tendencia del país a depender financieramente del exterior.

Al mismo tiempo, el crecimiento de los servicios públicos también estuvo lastrado por el bajo nivel de impuestos, su desigual distribución y la elevada tolerancia hacia la evasión fiscal. El desarrollo de nuestro sector público siempre ha estado limitado por la tensión entre unas demandas sociales al alza y una base financiera inadecuada. A partir de la década de los noventa, los sucesivos gobiernos se apuntaron a una política de rebajas fiscales que no hicieron más que agravar la situación.

Las burbujas varias

En este contexto de limitaciones, la economía española siempre ha tenido problemas de empleo e inestabilidad económica. En la «crisis corta» de 1991-1994 se destruyeron un millón de empleos y se profundizó en la implantación de la precariedad laboral. Pero al final de la misma se inició un acelerado proceso de crecimiento económico que, por largo tiempo, enmascaró los problemas estructurales de nuestra economía (desindustrialización, fragilidad exterior e insuficiencia del sector público). Este crecimiento se basó casi exclusivamente en el fuerte empuje de la actividad constructora, tanto en su vertiente de vivienda de primera y segunda residencia —la famosa burbuja inmobiliaria—, como en desaforados planes de infraestructuras: AVE, autovías, aeropuertos … Gran parte de estas burbujas fueron financiadas con endeudamiento exterior, puesto que a los bancos locales les fue fácil durante largo tiempo tomar prestado dinero en el exterior para convertirlo en crédito interno a familias y promotores, con lo que se alimentaba la burbuja especulativa.

La expansión de la construcción tuvo diversos efectos perversos. Algunos son de sobra conocidos: promovió la corrupción política asociada a las recalificaciones del suelo, generó un enorme deterioro medioambiental y endeudó gravemente a la población. Pero también permitió por largo tiempo perder de vista los problemas estructurales del país; el crecimiento de la producción y del empleo permitió ignorar la dependencia exterior y ayudó a financiar un sector público mal diseñado. El crecimiento fue tan fuerte que desempeñó además, un papel fundamental en incentivar la llegada de millones de personas, muchas ocupadas en el propio sector de la construcción, que alimentaron un nutrido ejército de reserva laboral. Como es sabido, la construcción se caracteriza por ciclos abruptos, y cuando se produce uno, el colapso de la actividad es fulminante. Esto es lo que ocurrió a partir de finales de 2007: la construcción cayó y arrastró consigo a la mayor parte de la economía. De los más de 2,7 millones de empleos destruidos en lo que va de crisis, la mitad son empleos en la construcción, y una gran parte del resto pertenecen a actividades industriales y de servicios vinculadas a la misma (estructuras metálicas, cemento, madera, mueble, inmobiliarias, ingenierías y arquitectura). En poco tiempo, el mercado laboral español pasó de generar dos tercios del empleo que se creaba en la Unión Europea a convertirse en el campeón indiscutible del paro y la precariedad. Si hay una causa principal de este descalabro es, sin duda, la enorme dependencia de la economía española del sector de la construcción. El estallido de la burbuja afectó además a los ingresos públicos e hizo crecer el déficit público, y a la vez provocó la crisis del sistema financiero, que constituye uno de los problemas más graves de la situación actual.

La desindustrialización y la dependencia exterior, la subordinación excesiva a la construcción, el enorme poder de unos grupos empresariales que han amoldado la economía a sus intereses (y que hoy obtienen más beneficios del exterior) y el subdesarrollo del sector público son los elementos cruciales que explican la situación; el mercado laboral simplemente refleja las distorsiones que este modelo genera.

La Unión Europea empeora la situación

En la gestación de este proceso y en su desenlace, la Unión Europea tiene una responsabilidad importante. De entrada, el modelo europeo está diseñado bajo un esquema neoliberal (en parte siguiendo las directrices de las élites alemanas que pilotan el proceso). Al unificarse países con estructuras productivas variadas y promover el mercado único, era previsible que se produjeran una mayor concentración empresarial y mayores desigualdades territoriales. La ausencia de una política seria de reequilibrio espacial y de un verdadero presupuesto comunitario provoca que estos desequilibrios aumenten, en especial la desindustrialización de las áreas periféricas.

La unión monetaria no ha hecho sino agravar la situación. En primer lugar, porque se ha diseñado fundamentalmente como un medio para controlar la inflación y garantizar un euro fuerte. El Banco Central Europeo no ha sido capaz de controlar los fenómenos especulativos de los últimos años ni ha permitido políticas de empleo a escala comunitaria. De hecho, algunas de sus decisiones, como aumentar el tipo de interés para controlar la inflación (en 2008 y 2011), sólo contribuyeron a precipitar la recesión. El euro apreciado ha reforzado los problemas de economías como la española, y la imposibilidad de devaluar conduce a un ajuste a la baja de los salarios. El resultado final puede ser peor, puesto que si la mayoría de los países bajan salarios disminuirá aún más la actividad. Tras el estallido de la crisis, la insistencia en imponer planes de ajuste de los presupuestos públicos ha acabado por generar elevados costes sociales y situar a la economía en fase de depresión. El agravamiento del paro en 2011 es un resultado claro de la aplicación dogmática de estos planes de ajuste. Mientras que los bancos han recibido cuantiosas ayudas, se ha condenado a los países con problemas a planes de ajuste insensatos; una política de ajustes que es más o menos el tipo de respuesta que ponían en práctica algunos médicos en tiempos pasados: sangraban a los enfermos y sólo conseguían debilitarlos.

Una reforma laboral injusta e ineficaz

Cuando los problemas son graves y de larga duración proliferan los curanderos. Como en España hace muchos años que el paro es una realidad cotidiana, quienes defienden que hay que reformar el mercado laboral para resolver los problemas del empleo tienen mucha facilidad para ser escuchados. Por esto, en nuestro país las reformas laborales se han sucedido unas a otras. Y siempre en una misma dirección: abaratar y facilitar el despido, aumentar las prerrogativas empresariales sobre las condiciones de trabajo, favorecer el subempleo o limitar la acción sindical. El impacto de estas medidas en términos de empleo es incierto; el empleo se ha expandido y contraído siguiendo los avatares de la actividad económica. El impacto en cuanto a las condiciones de trabajo es bastante más claro: hay un elevado nivel de empleo precario y de inseguridad laboral, y hay muchos despidos.

Con un paro que supera los cinco millones de personas, estaba cantado que volvería a sonar la música de una nueva reforma laboral. Tenía buenos promotores en las altas esferas europeas y locales. Y el Partido Popular se ha aprestado a entrar a saco en una reforma más profunda que ninguna otra. Ahora ya definitivamente, el despido es fácil y barato. Se incorporan nuevas modalidades de empleo temporal, aunque camuflado bajo la forma de un contrato de emprendedores y de contrato de formación. Realmente, hasta los treinta años va a ser difícil que alguien cuente con una situación estable y es muy probable que a partir de los cuarenta y cinco estará en permanente riesgo de ser despedido con cualquier justificación. Es una versión más radical de las reformas anteriores.

Donde se encuentran las novedades más drásticas es en el campo de la contratación colectiva. Por la vía de facilitar el descuelgue, de imponer cambios unilaterales en las condiciones de trabajo y de dar prioridad al convenio de empresa, lo que se promueve es dinamitar la negociación colectiva y los derechos laborales. Es falso que éste sea el modelo europeo, ya que en la mayoría de los países de referencia predominan los convenios sectoriales y en algunos, una negociación altamente centralizada a escala nacional (lo que ha permitido en los países nórdicos reducir notablemente las diferencias salariales y las desigualdades). Y hay evidencias de que en los países donde la negociación colectiva está fraccionada existen una menor cobertura de derechos laborales, mayores desigualdades de salarios (incluso entre trabajadores que realizan la misma tarea) y menor seguridad laboral. Si a ello sumamos el poder que se confiere a las Empresas de Trabajo Temporal para controlar la intermediación en el empleo, todo apunta a que se configura un sistema laboral orientado a promover los salarios bajos, el autoritarismo empresarial y el debilitamiento de la acción sindical. Un sistema parecido al que imperó en el franquismo, pero con distintos medios: de la represión directa pasamos a un marco legal que deja desprotegido al trabajador individual.

La reforma se pretende justificar con un doble argumento, que permitirá mejorar la competitividad de la economía española y con ello el empleo, y que reducirá las desigualdades entre trabajadores al mermar la excesiva protección que hasta ahora tenían los empleados fijos. Ambos son discutibles.

De hecho, se trata de promover una vez más los salarios a la baja como eje de la competitividad, sin contar con que los problemas de la economía española difícilmente se reducirán compitiendo con países de muy bajos salarios (a la postre a lo único que lleva es a degradar continuamente las condiciones de trabajo y a deprimir la economía global). Más bien, lo que se necesita es impulsar empleo de mayor calidad, más cooperativo, orientado a mejorar la calidad de los bienes y servicios. La economía española ya ha gozado de forma extensiva de salarios bajos y malas condiciones de trabajo, sin que ello se haya traducido en ningún gran impulso a la búsqueda de eficiencia. Es, además, dudoso que proporcionando todos los derechos a unos empresarios —que han sido los gestores de la desindustrialización y de la burbuja inmobiliaria especulativa— vayan, ahora sí, a promover la eficiencia, la mejora técnica y el bienestar. Dejando que cada empresa fije sus condiciones laborales a discreción, lo único que se va a provocar es una competencia a la baja de salarios y condiciones de empleo que puede enriquecer a algunos a costa de la mayoría.

Y si es dudoso que la reforma vaya a suscitar la eficiencia, es totalmente seguro que va a promover la desigualdad. Ésta es la evidencia de aquellos países donde impera la máxima discrecionalidad empresarial en la fijación de las condiciones de trabajo. Las desigualdades ya eran muy grandes ahora, especialmente porque la fragmentación de los convenios colectivos sectoriales favorecía enormes diferencias de salarios y de condiciones laborales entre sectores. Pero con una negociación centrada en la empresa, las desigualdades van a crecer exponencialmente y, en muchas pequeñas empresas, donde es difícil que existan sindicatos organizados, la desprotección va a ser extrema y el trabajador individual va a depender de la buena fe del patrono. Y sabemos también que las desigualdades siempre afectan más negativamente a las personas con menor poder social (mujeres, jóvenes, inmigrantes...).

Esta reforma está en la línea que ha venido reclamando largo tiempo la patronal. La de tener un poder total sobre los trabajadores. Aunque ello no sea necesariamente lo que estimule la eficiencia. Pero contamos con una clase empresarial que tiene una larga tradición de gestión autoritaria y que sitúa como modelo de referencia a Estados Unidos, un país donde los derechos laborales son casi inexistentes en gran parte del sistema productivo.

Por su parte, los sindicatos han sido incapaces de cambiar estas tendencias. Su debilidad viene de lejos, del franquismo, de las dificultades de organización sindical en un país con microempresas... Y también de su incapacidad para generar una cultura social claramente enfrentada a los dogmas neoliberales. Han tratado de salvar derechos, y a veces lo han conseguido, por medio de una negociación que daba por buenos planteamientos patronales (la «competitividad», la «flexibilidad», etc.) y, con ello, han contribuido involuntariamente a debilitar la cultura social. Hay que decir, sin embargo, que han sido objeto de una continua campaña de desprestigio por parte de los medios de comunicación, con maniobras insidiosas sobre su corrupción o su ineficacia, campañas que han llegado a confundir incluso a sectores de las clases medias y de la juventud y han generado una ruptura peligrosa entre sectores progresistas. Los sindicatos han estado limitados en muchos casos, pero cualquier estudio detallado del sistema laboral muestra que, gracias a muchos convenios colectivos y a la acción sindical, se han mantenido derechos básicos. Y es evidente que parte de la reforma laboral tiene como objetivo desmantelar la acción sindical, como expresó claramente la señora Cospedal.

Las cosas aún pueden ir a peor. Ya empiezan a levantarse voces a favor de limitar el derecho de huelga, la acción sindical, de forzar a los parados a aceptar el primer empleo o miniempleo que se les ofrezca. Pronto se oirá el coro favorable a reducir las prestaciones de desempleo o las pensiones. La crisis generada por la especulación financiera y las políticas neoliberales ha levantado la veda para seguir arrasando derechos y retroceder al modelo del capitalismo salvaje.

Por un nuevo enfoque sobre el empleo

Estamos a merced de políticas equivocadas y orientadas por los intereses de una minoría social. Manteniendo las políticas de ajuste presupuestario, de rebajas indiscriminadas de los salarios y las condiciones de trabajo, de ampliación del poder patronal y de no reducción del excesivo papel del sector financiero, estamos condenados a un largo período de desempleo masivo y precariedad laboral, de elevada pobreza y extensión de las desigualdades.

Hay que cambiar el modelo, realizar reformas de verdad (las de ahora simplemente ahondan en la misma línea que nos ha conducido hasta la crisis). Hay que invertir la visión de lo económico. La economía no debe estar regulada para favorecer el enriquecimiento de unos pocos, sino para garantizar el bienestar social. El empleo no debe ser una actividad a la que estemos condenados para obtener ingresos para pagar el consumo, sino que debe ser la contribución de cada cual, justa, adecuada, equitativa, a obtener aquellos bienes y servicios que a todos nos hacen falta. No podemos pensar en un crecimiento sostenido que choca con las limitaciones de nuestro espacio natural, tenemos que ajustar nuestras formas de consumo y producción a niveles sostenibles y aceptables para todo el mundo. No podemos pensar en una carrera profesional competitiva con ganadores y perdedores, sino en una actividad necesaria donde todo el mundo tenga derecho a alcanzar un equilibrio básico entre su aportación a lo colectivo, su vida personal y su participación social. Un planteamiento de este tipo requiere muchas reformas, requiere salvar muchas resistencias, requiere suficiente tiempo para ser puesto en práctica. Pero es una orientación básica si de verdad queremos salir del marasmo que ha generado la gestión neoliberal y afrontar adecuadamente los retos que plantea la crisis ecológica global.

Y mientras tanto, ¿qué? Porque es evidente que la situación es realmente intolerable para muchas personas y hay que pensar no sólo en las orientaciones a largo plazo, sino también en las acciones a corto plazo. Aunque se debe ser consciente de que incluso las políticas paliativas van a tardar en ponerse en marcha por la resistencia de los intereses y la inercia de las ideas dominantes.

Como no tengo poder, simplemente me limito a ofrecer qué tipo de medidas deberíamos exigir a nuestros gobernantes, a nuestros líderes sociales, hacia qué dirección apuntar:

a) En primer lugar, se requiere un cambio en la estructura productiva tanto para salir de la trampa que nos ha generado el monocultivo de la construcción como para afrontar las exigencias de la crisis ambiental (basta pensar en términos convencionales para entenderlo: si el precio del petróleo sigue aumentando, nuestro modelo entrará en nuevos y graves problemas; no queda otra que pensar en una seria transición energética). Hay que exigir políticas orientadas a cambiar la estructura de la producción, lo que exige inversiones, políticas públicas, políticas de formación profesional adecuadas.

b) En segundo lugar, seguimos teniendo un sector público empequeñecido, en especial en todo lo relativo a educación, sanidad, servicios sociales, etc. Ampliar el sector público genera empleo y bienestar social. Pero hay que financiarlo adecuadamente, lo que exige una reforma fiscal progresiva que dote de financiación adecuada y reduzca la enorme inequidad fiscal. Y, como es bien sabido, debe lucharse contra la enorme bolsa de fraude fiscal. A corto plazo es inevitable un déficit fiscal; su ajuste debe ser acompasado con las reformas fiscales.

c) Mientras no haya empleo para todo el mundo deben promoverse políticas de garantía de rentas que permitan a la gente subsistir. El desempleo es involuntario. Financiar a quienes no tienen ingresos tiene, además, de un efecto directo sobre sus condiciones de vida, el indirecto de generar actividad y empleo.

d) Hay que mejorar la distribución de la renta, no sólo beneficiando a los grupos con bajos ingresos, sino también acotando los altos, algo que puede conseguirse combinando un buen modelo de negociación colectiva, medidas de control de rentas y un sistema fiscal adecuado.

e) Debe regularse y reducirse el peso del sistema financiero. Sobre todo para dejar de promover el capitalismo de casino y la inestabilidad intrínseca que lleva aparejada. El ajuste de la deuda financiera debe recaer en sus beneficiarios, no en el conjunto de la sociedad.

f) Las reformas en el mercado laboral deben ir orientadas a garantizar un empleo aceptable a todo el mundo. Ello requiere modelos de negociación colectiva inclusivos y generales, políticas de formación y reconocimiento profesional, la reordenación del tiempo de trabajo para adecuar la actividad laboral al ciclo vital, la extensión de la participación de las personas asalariadas en la gestión económica y la promoción de modelos cooperativos.

g) Hay que eliminar las ignominiosas desigualdades entre hombres y mujeres, lo que exige articular de forma diferente la relación entre la vida laboral en el mercado y la actividad laboral doméstica y extramercantil.

h) Estas propuestas requieren una intervención en planos diversos. Muchas de las políticas actuales vienen impuestas desde la Unión Europea y otros organismos. Son imposiciones externas ante las que hay que negociar. Y exigir a nuestros gobernantes que peleen por cambiar unas lógicas que han demostrado ser criminales.

Todo esto no va a ser fácil ni rápido. Requiere de todos, especialmente de las víctimas, una movilización persistente. Una movilización tenaz e inteligente. Que tiene que actuar en planos muy diversos: en el de las acciones públicas y las reivindicaciones, en el de la acción sindical cotidiana, en el de la elaboración colectiva (desde la producción académica hasta el debate democrático de todo el mundo) de alternativas concretas, en el de la acción política. Y, además de inteligencia y decisión, ello requiere también que sepamos tejer las alianzas, los compromisos y los procesos que nos refuerzan, que nos construyen como mayoría social frente a la reducida minoría que hoy maneja los hilos de la actividad económica y que nos está condenando al paro, a la precariedad, a la pobreza; en definitiva, que pretende mantenernos como permanentes súbditos y esclavos.

Bibliografía

Para una visión inicial de la economía laboral, desde una visión crítica, puede consultarse:

Banyuls, J., E. Cano, J. V. Pitxer y A. Sánchez, *Economia laboral i polítiques d'ocupació*, Universitat de València, Valencia, 2005.

Kalecki, M., «Aspectos políticos del pleno empleo» (1943), *Revista de Economía Crítica*, n.º 12 (www.revistaeconomiacritica.org).

Recio, A., *Trabajos, personas, mercados*, Icaria, Barcelona, 1998 (el libro está agotado pero es accesible en internet).

Los libros históricos citados son:

E. Hobsbawm, *Historia del siglo XX*, Crítica, Barcelona, 1998.
J. Fontana, *Por el bien del imperio. Una historia del mundo desde 1945*, Pasado y Presente, Barcelona, 2010.

El análisis de la crisis actual está dando lugar a una bibliografía prolífica. El análisis propuesto en este texto está desarrollado en extenso en dos artículos editados en la *Revista de Economía Crítica*, donde se mantiene una sección con artículos de diversos autores sobre la crisis. Para el caso español son de especial interés los trabajos de F. Aguilera y J. M. Naredo, *Economía, poder y megaproyectos*, Fundación César Manrique, 2009, y J. M. Naredo y A. Montiel, *El modelo inmobiliario español y su culminación en el caso valenciano*, Icaria, Barcelona, 2011. Para tener ideas sobre las vías de salida de la crisis son sugerentes los trabajos de S. George, *Sus crisis, nuestras soluciones*, Icaria, Barcelona, 2009; V. Navarro, J. Torres López y A. Garzón, *Hay alternativas*, Sequitur, Madrid, 2011, y T. Jackson, *Prosperidad sin creciemiento*, Icaria, Barcelona, 2012.

7

LA SALUD COMO MERCANCÍA, LA SANIDAD COMO BOTÍN

Àngels Martínez i Castells

Àngels Martínez i Castells es doctora en Ciencias Económicas, y fue profesora de Política Económica de la Universidad de Barcelona de 1976 a 2008. Su tesis fue dirigida por Fabián Estapé sobre La Política Económica de los Gobiernos Provisionales en Portugal después de la Revolución del 25 de abril. En los últimos años ha publicado sobre feminismo, Europa, inmigración, crisis de la economía y salud pública en *Illacrua*, *El viejo Topo*, *Sin Pemiso*, *Revista Crítica*, *Avant*, *Realitat*, *Rebelión*, *Éxodo*, *Utopía*, *L'Espurna*, *Revista Pueblos*, *Dona Treballadora*, *Ojos de Brujo*, y *Revista de Economía Crítica*.

Sobre temas de sanidad y salud ha participado recientemente en: *Noves formes, nous llenguatges: Dempeus per la salut pública* (2009), *COREpagment* (2010), y *La salut és pública i no té fronteres* (2010), editados por De Barris y Fundación Pere Ardiaca. También en 2010 fue una de las autora de *La izquierda frente a la privatización de la Sanidad*, libro coordinado por Gaspar Llamazares.

Participó en 2011 en el libro *Reacciona*, coordinado por Rosa María Artal, y en *Yes, We Camp! Trazos para una (r)evolución*.

En la actualida es presidenta de Dempeus per la Salut Pública (http://dempeusperlasalut.wordpress.com/).

Blog: *punts de vista*: http://puntsdevista.wordpress.com
Twitter: @angelsmcastells

La salud es un asunto social, económico y político, y sobre todo es un derecho humano fundamental. La desigualdad, pobreza, explotación, violencia e injusticia están en la raíz de la mala salud y de las muertes de los pobres y marginados.

Declaración para la Salud de los Pueblos
(Bangladesh, 2000)

No es síntoma de buena salud estar perfectamente adaptado a una sociedad enferma.

J. Krishnamurti

Nos hemos acostumbrado a vivir en una sociedad insensible al sufrimiento y a la enfermedad, en la que apenas se da valor a la vida humana. Todavía bajo los efectos del shock, nos despojan de nuestros derechos y lo justifican con mentiras demostrables. Están convirtiendo la salud en mercancía y la sanidad en su botín, y todavía no conseguimos reaccionar con fuerza suficiente para impedirlo. Mientras, nos quieren culpar de sus rapiñas. España es uno de los países de la Unión Europea que menos recursos públicos dedica a la sanidad y que más puede presumir de su excelencia; es un blanco irresistible para los capitales privados. Dicen que el sistema de salud es «insostenible», pero saben que no es verdad. En el año 2009 España dedicó a sanidad el 6,7 por ciento del PIB, cuando la media de la UE-27 fue del 7,4 por ciento. En comparación, Francia destinó un 8,3 por ciento o el Reino Unido un 8,5 por ciento. Aun así, en el año 2011 los «recortes» habían supuesto 5.000 millones de euros menos para sanidad, con mermas de servicios, unos salarios inferiores como mínimo en un 5 por ciento y plantillas congeladas. El objetivo es debilitar la salud pública en sus tres vertientes de atención, docencia e investigación. Así, las privatizaciones pueden presentarse como solución, cuando son su verdugo.

A nuestra sanidad pública, universal y a tan bajo coste le cuesta seguir siendo una de las mejores del planeta. Si se mantiene, es gracias al trabajo de sus profesionales que nos alertan —y nos urgen a actuar— contra la rapiña. Son precisas nuevas «austeridades», dicen los políticos, mientras dilapidan cantidades astronómicas de dinero en sostener el sistema financiero. A costa de nuestra calidad de vida... a costa de nuestra vida. En Cataluña, hay querellas en trámite porque, desgraciadamente, los recortes ya pueden haber causado víctimas mortales. Y se ha puesto en marcha una acción plural, la Iniciativa Penal Popular,[1] con la que se denuncia mucho más que los perjuicios de unas listas de espera... desesperantes, y el cierre de plantas, turnos y servicios en hospitales y atención de emergencias.

Crecen las sospechas de corrupción: los intereses privados se infiltran y corroen lo público, mientras en algunas comunidades se cobra peaje para acceder a la sanidad, poniendo en riesgo real la salud pública. Baleares y Galicia (PP) exigen diez euros para tener la Tarjeta Sanitaria, con un grave quebranto de la equidad. En Cataluña, la mayoría CiU-PP aprueba el CO-REPAGO —bajo el pseudónimo de «ticket moderador»—, que supone el más injusto de los impuestos porque no sólo grava la enfermedad, sino que incrementa las desigualdades. Más graves aún son las restricciones que llevan a limitar los análisis para la detección precoz de enfermedades en bebés en Castilla-La Mancha,[2] o el tardío acceso a tratamientos de enfermedades como el cáncer, cuando la rapidez en atajarlo es vital.

Para conseguir que la sanidad pública pierda prestigio, se acosa a sus profesionales y se genera ex profeso caos y desgobierno. Se precariza la atención y se penaliza a los enfermos con mermas o despidos por causar baja laboral. Se llega a culparlos; ser «enfermo crónico» es insostenible para el Estado, dicen. En algunos centros se reparte una ficticia factura «en la sombra» —que no puede recoger datos reales— mientras se niegan referencias y cifras fundamentales sobre el funcionamiento, los salarios de altos cargos y los contratos a «terceros» a los periodistas de investigación y a las organizaciones de defensa de la salud que las piden.

Todo lo que nos enferma

Múltiples factores influyen en la enfermedad y la salud. Los más conocidos son los difundidos factores genéticos y biológicos y los «estilos de vida» (Boi Ruiz, el *conseller* de Salud de Cataluña, ya no ve más allá). Pero importan también la calidad de la atención médica y sanitaria y las redes sociales y de apoyo. E importan, sobre todo, la clase social a la que se pertenezca, el género, el empleo, el nivel de enseñanza alcanzado, las condiciones de vida y, desde luego, las políticas sociales.[3]

Las condiciones sociales que originan las enfermedades son muchas veces evitables. Sin embargo, no se actúa sobre los factores sociales y económicos. Ni se previene la enfermedad ni se promociona la salud: simplemente, se oculta su vertiente social que justifica la recomendación de la Organización Mundial de la Salud (OMS) de extender la salud a todas las políticas. Desde hace años se utiliza la metáfora del «iceberg de la enfermedad», para explicar que, en la parte sumergida se incuba la enfermedad no registrada, la enfermedad «silenciosa» que aún no se ha expresado en forma de síntomas.[4] Pero, al contrario de lo que sugiere la figura del iceberg, ni la sanidad ni la salud se mueven en aguas tranquilas ni mares apacibles; bajo el hielo —y en especial en tiempos de crisis— se producen tensiones que evocan, de hecho, un volcán en erupción. La paradoja, además, descubre un enorme fraude, porque, cuando con la crisis las condiciones sociales empeoran y sus efectos finalmente eclosionan en enfermedad, se evidencia la estafa que supone reducir y privatizar el sector público de salud. Las políticas sanitarias se rinden a los intereses privados, y reservan el derecho de admisión al mundo de la salud a quienes tienen dinero para comprarla.

Estábamos avisados. Lo sabíamos por estudios realizados ya en relación con la crisis de 1929. La actual iba a tener efectos muy duros sobre la salud: supone desnutrición, paro, pobreza, desahucios, pérdida de autoestima y deterioro de la salud infantil. Nos advirtieron del aumento de la mortalidad, los suicidios, la violencia y la drogadicción, pero costaba pensar que llegarían a ser tres millones las personas sin hogar en Europa, y que los nuevos problemas ecológicos y laborales se traducirían, con tanta dureza, en nuevas enfermedades sin investigación ni atención suficientes.

Cuando todo este triste horizonte aflora como enfermedad, nos dicen que la sanidad no puede hacerse cargo porque es «insostenible». Lo realmente inaguantable es el sistema que ha creado estas condiciones que nos enferman, estas políticas ajenas a los derechos humanos, laborales y de ciudadanía. Si en estos momentos un número cada vez mayor de mujeres y hombres, de todas las edades,[5] están en pie contra las privatizaciones y los recortes, reivindicando más justicia y mejor atención sanitaria, ¿puede extrañarle a alguien? Raro es que no seamos muchos más.

Violencia, desahucios, salud mental, suicidios

Con la crisis se ha producido un incremento de la violencia de género, y han aumentado las drogodependencias y otras adicciones como puntos de fuga de una realidad nada amable. Entramos, además, en una espiral que va reforzando sus efectos letales a medida que las empresas relajan o incumplen las normas de seguridad laboral. Y los trabajadores aceptan, tristemente, mayores riesgos para no perder su puesto de trabajo. Se trata del mismo desprecio hacia la vida humana que permite la degradación del aire que respiramos, con el consiguiente aumento de las enfermedades respiratorias.

Ya empezamos a disponer de datos sobre la repercusión de la crisis económica en nuestro país. Cerca de un 25 por ciento de los españoles consideran que su calidad de vida ha empeorado. ¿Causas? Menores ingresos económicos y una salud que se deteriora. No son ajenos los procedimientos de desahucio presentados en los juzgados españoles, que llegaron a ser de 93.636 en el año 2010. Cómo no va a convertirse en dolencia la pérdida del hogar que vivimos como el despojo de nuestra «tercera piel».[6]

Se han acrecentado en torno al 15 por ciento las consultas por problemas de estrés, ansiedad e insomnio y otros trastornos de adaptación fruto de contratiempos laborales. Los medios lo ocultan, pero se disparan la mortalidad vinculada a las principales causas de enfermedad o por accidente de trabajo y también el número de suicidios,[7] que ha vuelto a repuntar a partir del 2008. Un dato que hay que retener en tiempos de agresivas y regresivas reformas laborales que favorecen el despido sin crear empleo: el promedio de personas con problemas psicológicos entre los desempleados es de un 34 por ciento, cuando entre las que tienen empleo es del 16 por ciento.[8] La correlación paro-suicidio que encontramos en España no existe en países con mayor protección social (Suecia, por ejemplo).

Durante la crisis asiática de finales de los años noventa las tasas de suicidio de los varones aumentaron un 39 por ciento en Japón, un 44 por ciento en Hong Kong y un 45 por ciento en la República de Corea. Y ahora, en la actual crisis de la Unión Europea, cada nueve minutos se suicida una persona; 58.000 personas en 2008, con un incremento de un 16 por ciento respecto al año anterior (Raventós, 2011).[9]

Mientras Bruselas sigue imponiendo duros (e inútiles) sacrificios a Grecia, su tasa de suicidios ha pasado de un 2,8 por ciento a un 6 por ciento por 100.000 habitantes. *The Lancet*[10] describía su situación como un territorio donde las desigualdades se incrementan hasta la tragedia.

La privatización del sector sanitario en España

En estos treinta últimos años de hegemonía neoliberal, el FMI, el BM y la OMC han recomendado «rentabilizar» los centros sanitarios para poder proceder a su posterior privatización. Con esta finalidad aconsejaron debilitar y fragmentar el sector público, y crear organismos autónomos —fundaciones, consorcios— para aumentar la opacidad y escapar a los controles. Finalmente, aconsejaban «externalizar» la provisión de servicios a empresas privadas. Y esto fue, en versión castellana, lo mismo que se recomienda en el famoso Informe Abril Martorell que el gobierno de José María Aznar encargó como coartada teórica a la privatización de la sanidad. El instrumento jurídico fue la Ley 15/97, que al poco de aplicarse ya dio lugar a mala gestión demostrada, prácticas poco transparentes y despilfarro, como denuncia repetidamente el Tribunal de Cuentas.

En aspectos fundamentales, las transferencias a las Comunidades Autónomas debieran haber acercado más la salud y la sanidad públicas a las necesidades de la población. Sin embargo, donde predominaba el interés privado se ha acelerado el ritmo de desmantelamiento. Nos alerta la FADSP[11] de que aumentan los conciertos y las externalizaciones al sector privado (Canarias), se propician iniciativas de financiación privada para la construcción de centros sanitarios (Galicia, Madrid, Baleares), se ponen en marcha Entidades de Base Asociativa en los centros de salud (Valencia), o se privatizan hospitales hasta ahora públicos (Castilla-La Mancha) o servicios administrativos (Galicia). En Cataluña sólo en clave de privatización puede entenderse la fragmentación del Institut Català de la Salut. En Baleares, los consorcios de empresas constructoras y los bancos son los propietarios de los hospitales de referencia y los gestores de todos los servicios no clínicos, a cambio de su alquiler a la sanidad pública y la hipoteca de los edificios.

Pero, además, en Cataluña existen serias sospechas de prevaricación y fraude en procesos de subcontratación y privatización, mientras se ha reducido en un 17 por ciento real el presupuesto para sanidad. En Galicia y Castilla-La Mancha se están efectuando recortes similares, mientras que en la Comunidad Valenciana o Madrid la reducción hasta el punto de asfixia ya lleva años produciéndose. Su irracionalidad y el perjuicio que causan son tan enormes que los profesionales[12] se rebelan y nos alertan sobre la calidad de la atención y formación que prestan y reciben.

Es evidente que, si la sanidad no fuera un sector rentable, no existiría el ansia privatizadora. Ya en 2006 la OMS denunciaba que, bajo la excusa de buscar ayuda financiera en el sector privado, se encarece todo el proceso de inversión pública y se impide cualquier ahorro real. En un sentido parecido prevenía el sociólogo Frédéric Pierre, quien rechazaba los efectos perversos de las medidas de «corresponsabilidad financiera» de la ciudadanía, el modelo de «llave en mano», la introducción de competencia entre hospitales o la proliferación de indicadores de ejecución. Se podrían dar muchos más ejemplos y testimonios,[13] pero todo se reduce a que, en el proceso de privatización, dejan de funcionar los mecanismos de control; se imponen fórmulas empresariales ajenas, y se produce una sistemática y dolorosa degradación de las condiciones de trabajo. La participación pública en salud se convierte en una mera pantomima al tiempo que aumenta la capacidad determinante de las grandes empresas aseguradoras, farmacéuticas y biomédicas.

Las líneas degenerativas son fáciles de discernir porque se acaba por crear un neolenguaje en el que se aceptan como propios conceptos «de mercado»: se habla de clientes (no de pacientes, ni de sus derechos y necesidades) y se razona en términos de coste-beneficio privado —nunca social—, sin admitir que la privatización de la salud y las desigualdades que provoca son altamente inmorales.

La Unión Europea se construye de espaldas a la salud

Ni las políticas de salud de cada Estado ni las orientaciones de las organizaciones supranacionales están al margen de la ideología que determina el resto de las políticas. En el Tratado de Roma de 1957 no hay una sola referencia al tema sanitario. Hasta el Tratado de Maastricht de 1992 no se mencionan la «salud humana» y la «salud pública», y sólo en el Tratado de Amsterdam se pudieron asumir a escala europea temas de salud que hasta entonces sólo habían provocado situaciones absurdas. Por ejemplo, que la crisis de las «vacas locas» del Reino Unido de 1986 tuviera que tratarse en los consejos de ministros de agricultura, cuando diez años más tarde se confirmó una nueva enfermedad que afectaba a los seres humanos (una variante de la enfermedad de Creutzfeldt-Jakob) relacionada con la epidemia de encefalopatía espongiforme bovina.

En 2005 la UE presentó un Libro Verde sobre salud mental, y en octubre de 2007 un Libro Blanco sobre Salud[14] con algunos avances —universalidad, atención de calidad, equidad y solidaridad (integrando, según afirma, la visión de género) entre otros—, aunque destacando los vectores económicos del sector para el empleo y la productividad. Lo cierto es que Europa nació de espaldas a la salud.

La salud de los europeos ha empeorado según su propia percepción, como registran los datos de los eurobarómetros. Pero la pobreza enferma, y así —en vista de los registros de 2010— 115 millones de personas, el 23,4 por ciento de la población de la UE-27, estaban en riesgo de pobreza o exclusión social. Las mayores tasas se observaron en Letonia, Rumanía, Bulgaria y España (todos con el 21 por ciento), y las menores en Eslovaquia, Austria y Hungría (en torno al 12 por ciento), pero lo que es importante destacar es que el 8 por ciento de la población de la UE-27 se encuentra en situación grave de precariedad, lo cual significa, por ejemplo, no poder mantener la casa caliente o no poder hacer frente a los pagos inmediatos.

España, con un 18,5 por ciento, es el segundo país con la tasa de pobreza infantil más alta, lo cual supone que cuando esos niños sean adultos tendrán una salud precaria, y sólo Portugal la supera en la lista de 21 países. En el apartado de bienestar sanitario, España, según la OCDE, ha retrocedido al puesto vigésimo primero, seguido por Estados Unidos, Italia y Hungría, que cierra la clasificación.

Estados Unidos, récord de pobreza

El senador independiente Bernie Sanders, el único que se declara socialista en Estados Unidos, lo explica con toda crudeza: «La pobreza en América hoy en día no sólo conduce a la ansiedad, la tristeza, la incomodidad y la falta de bienes materiales. Conduce a la muerte. Por ello, la tasa de pobreza infantil en nuestro país es un ultraje».

Paradójicamente, Estados Unidos tiene el índice más alto de pobreza general y la tasa de pobreza infantil más elevada de cualquier país industrializado del mundo.Y también ha disminuido la esperanza de vida de las mujeres con bajos ingresos. Seis años y medio más de vida marcan la diferencia entre ser rico, ser pobre o pertenecer a la clase media.

Cuando se repasan todos los obstáculos que se pusieron en el Congreso y el Senado de Estados Unidos a la aprobación de la reforma sanitaria de Obama, vale la pena recordar que según Reuters, en el año 2009 casi 45.000 personas morían cada año en Estados Unidos —una cada doce minutos— debido a que carecen de seguro médico y no pueden obtener una buena atención.

¿Todavía no se creen que la pobreza es mala para la salud y discrimina a las minorías? Aquí tienen un dato final: en 2009, en Estados Unidos, la tasa de mortalidad infantil para bebés afroamericanos fue el doble de la de los niños blancos.

Charles Dickens, un escritor de nuestros días

Acabamos de celebrar el doscientos aniversario del nacimiento de Charles Dickens cuando cobran nueva vigencia sus personajes de la Inglaterra victoriana y las penurias de un proletariado con serias amenazas a su supervivencia.

Gran Bretaña tiene el dudoso honor de liderar el ranking de crecimiento de desigualdad de la OCDE. En el centro del mundo desarrollado, hay pueblos en el País de Gales que superan las tasas de mortalidad de Ruanda y Botsuana. Los ingresos medios del 10 por ciento más rico son al menos 12 veces superiores al promedio del 10 por ciento de los más pobres, y las familias con hijos se llevan la peor parte.[15] Las políticas de recortes sociales van a suponer que las rentas medias de las familias con niños se reduzcan unas 1.250 libras (unos 1.500 euros) al año en el caso de las familias con dos hijos, y cerca de 2.000 libras (unos 2.400 euros) al año en las monoparentales en paro. La caída de ingresos podría superar el 12 por ciento de media.

Un factor determinante de la desigualdad añadido es el de la inmigración: las familias de Pakistán y Bangladesh residentes en Reino Unido verán su tasa de pobreza incrementada hasta en cinco puntos porcentuales para 2015-2016, superando el 55 por ciento. Pero también las mujeres, como colectivo, pagan la crisis, aunque se las compre con incentivos para abandonar el mercado laboral.

En Francia, también las desigualdades en salud se ciernen de forma más marcada, sobre los inmigrantes. El 35 por ciento de los inmigrantes y el 20 por ciento de los ciudadanos nacionalizados no se benefician de los servicios complementarios de salud, cuando sólo el 7 por ciento de los franceses quedan excluidos. En lo más duro de la crisis, se denegó el acceso al sistema público de seguridad social específico para inmigrantes no regularizados a una tercera parte de sus beneficiarios (entre 150.000 y 300.000 según las estimaciones).

Es tiempo de fraudes y culpabilizaciones. La crisis incrementa la marginación, rompiendo o haciendo desaparecer las redes de apoyo de las personas en una situación más débil. Crea una sociedad de personas más solas, más aisladas, con menos derechos... más enfermas. Algunos políticos, rememorando aciagos chovinismos, presentan a las personas inmigrantes como «quienes se aprovechan de las ventajas del sistema». No les temen: no tienen derecho a voto, pero su exclusión de la sociedad entra en flagrante contradicción no sólo con los derechos humanos, sino también con una aplicación racional de las políticas de salud pública.

Las falsas soluciones: recortes y culpabilización

Sin eufemismos, llamaremos a los «recortes» lo que son: agresiones, negación de derechos, actos delictivos y desgobierno.

Representan un virus mucho más dañino que la gripe; nos empequeñecen en cuanto a dignidad y vulneran nuestras defensas ciudadanas. Son la antesala de los horrores que han habitado desde antiguo la historia de la des-humanidad. Unos horrores que la defensa de un Estado del bienestar parecía haber ido debilitando en un proceso de civilización que ahora recula, ante nuestros ojos y día a día, a pasos de gigante.

No me resisto a citar estas líneas de Isaac Rosa[16] (y que su lucidez e ironía sirvan de antídoto):

> La semana pasada, y les prometo que fue sin querer, me convertí en gasto público. Algo que hoy equivale a decir que eres un peligro público. Entré en un hospital para un asunto menor y acabé recorriendo varias plantas durante una semana. Me convertí en gasto público desatado, un arañazo en los presupuestos, varias milésimas más de déficit. No me dieron la factura «en la sombra», esa que ya reparten en algunos sitios, pero si me hubieran echado la cuenta sería cuantiosa, pues fue una semana de barra libre, atención médica a todo trapo, entre pruebas diagnósticas (con esas máquinas carísimas), estancia (a pensión completa, imagínense), tratamientos y tantos trabajadores pendientes de mí (y para colmo eran muy atentos, incluso cariñosos, en vez de limitarse a cumplir con lo mínimo, que el tiempo es oro). Tumbado en la cama, imaginaba que me colocaban sobre el cabecero un contador digital que sumase euros a medida que pasaban las horas...

La salud y el poder de los laboratorios

Nos asustan, nos amedrentan, nos coaccionan, pero nos ofrecen bálsamos y remedios si podemos pagar lo que cuestan. Estamos empezando a olvidar el chantaje que supuso la falsa epidemia de gripe A cuando se nos advierte de que los laboratorios no encuentran rentable investigar en nuevos antibióticos y de que dentro de poco habrá bacterias resistentes que será imposible vencer. Manejan como nadie el sólido vínculo entre poder económico y político. Una periodista de la Agencia Reuters me explicó que todo el mundo medianamente informado sabe en Alemania que nadie puede ocupar la Cancillería (ni siquiera la señora Merkel) sin la aprobación de los grandes laboratorios farmacéuticos. Pero podemos dar más ejemplos: en el año 2009, el presidente Rafael Correa quiso que más gente en Ecuador pudiera disponer de los medicamentos que necesitara reduciendo su coste. Inmediatamente, la embajada de Estados Unidos en Quito y las compañías farmacéuticas multinacionales —representantes locales de Pfizer, Merck, Sharp and Dohme, Schering-Plough y Wyeth— se reunieron con tres ministros del gobierno para boicotear la nueva política de salud. Su objetivo: ponerse de acuerdo para proteger sus licencias en Ecuador. Por suerte para la salud pública, el intento de monopolizar el mercado ecuatoriano fracasó, y en abril de 2010 Ecuador pudo importar genéricos de Ritonavir, un fármaco contra el VIH/SIDA que ha salvado millones de vidas. Algo parecido pueden contar los países con menos recursos de todo el mundo.

También el acceso a los medicamentos pone de manifiesto las desigualdades en salud. Un 10 por ciento de la población mundial consume el 90 por ciento de los productos farmacéuticos. Y tan perjudicial es su escasez como su abuso. España es una consumidora destacada. Pero ¿son necesarios todos los fármacos que consumimos? Ni pensarlo. Muchos representan no sólo una pérdida de dinero, sino también de salud. No es saludable la dependencia de una cápsula para dormir, para moverse... incluso para amar. No resistimos la menor tristeza, por justificada que sea, sin medicación. Pero no hay que extrañarse de las superventas de algunos laboratorios dado su gran dispendio en publicidad. Joan-Ramon Laporte explicaba que la industria farmacéutica dedica el doble (en España el triple) de su presupuesto a promoción comercial que a investigación.[17]

Para no ser presas fáciles de los intereses privados, debemos aprender a acercarnos a la salud de otra manera. En este sentido, son tan instructivas como amenas las «Prescripciones no farmacológicas» del doctor y amigo Toni Barbarà,[18] que recomiendo calurosamente.

Argumentos para la acción: la sanidad pública no es el problema, es la solución

La crisis que comenzó en 2008 se ha convertido en la gran coartada de una estafa continua contra la mayoría de la población, y es, de hecho, una ofensiva de la lucha de clases que está ganando una minoría privilegiada. El dinero de nuestros impuestos —que debería garantizar los servicios públicos básicos— es arrebatado por el capital financiero, o se invierte en proyectos contrarios a los intereses de la población, o es desviado por los corruptos hacia paraísos fiscales. Se desatienden necesidades básicas mientras se pervierten y privatizan la enseñanza y la salud públicas, y se deterioran o frenan servicios sociales fundamentales contra la exclusión social, como las rentas de inserción y las ayudas a la dependencia.

Los costes sociales de la crisis financiera y de empleo se suman a los recortes y las políticas de contención del gasto. Los «planes de austeridad» son un fraude y un mecanismo perverso de redistribución regresiva de la renta. El sufrimiento cotidiano de millones de familias al borde de la supervivencia es un ejemplo de los estragos de esta crisis. Los determinantes sociales de la salud encienden todas las señales de alerta.

¿Quiénes son los responsables? Si los responsables económicos se esconden en el anonimato o bajo nombres de grandes empresas, los políticos deben dar la cara. Ya basta de ocultarse detrás de «los mercados». Fueron elegidos para representar nuestros intereses, y ninguna votación masiva con juegos de mayorías relativas les faculta para realizar cambios de fondo y sentido en sus programas, ni para ser complacientes con la corrupción, ni para consentir retrocesos de civilización que cuestan sufrimientos y vidas.

¿Quién se lleva la peor parte? En todo el mundo occidental, millones de familias han perdido su hogar o están en proceso de desahucio. Los sistemas de pensiones privadas de muchos países dejan a personas mayores en la pobreza. Desaparecen los ahorros familiares de los países más golpeados por la estafa de la crisis. La tasa de paro ha llegado en España al 22,85 por ciento, y ya sabemos que la del desempleo juvenil supera el vergonzoso porcentaje del 46 por ciento de la población activa con una edad inferior a los veinticinco años. La precariedad en el trabajo y las condiciones de vida, la pérdida de derechos laborales, la perversa contraposición de éstos con los derechos de ciudadanía y los múltiples intentos de culpar a las personas —en especial las más desprotegidas: enfermos crónicos, personas con discapacidades, inmigrantes, mujeres, etc.— nos llevan a calificar todos estos comportamientos de crímenes contra la humanidad que merecen una amplia y decidida Iniciativa Penal Popular contra los responsables políticos directos, en cada ocasión, de cada fechoría.

Según el Tribunal Penal Internacional, crimen contra la humanidad es «cualquier acto inhumano que cause graves sufrimientos o atente contra la salud mental o física de quien los sufre, cometido como parte de un ataque generalizado o sistemático contra una población civil». Pues eso es lo que están cometiendo los poderes económicos y políticos: crímenes contra la humanidad que hay que desenmascarar para que los culpables rindan cuentas ante los pueblos y la justicia. Vulneran de forma reiterada el derecho a la salud proclamado en el artículo 43 de la Constitución. Ni la crisis ni el déficit pueden justificar la destrucción de este derecho sin el cual no es posible garantizar el respeto a la «dignidad humana» ni el «libre desarrollo de la personalidad».

Las privatizaciones, los recortes, los intentos de RE-pago

que discriminan a las personas más débiles tienen claramente un sesgo de género y de clase. Desestructuran nuestra sociedad y allanan el camino a nuevas formas de explotación, marginación e infelicidad. Fomentan una sociedad individualista de la que se quiere erradicar la solidaridad con un nuevo autoritarismo y desprecio por la salud y por la vida. En esta prepotencia cotidiana sólo germina la semilla del fascismo. Ahora ya, ante la magnitud del atentado social que vivimos, es urgente actuar en defensa de la salud pública como tarea de civilización que permita avanzar hacia una manera de vivir más humana y más digna.

Actúa. No te resignes. Hay que actuar entendiendo la salud como una categoría que va más allá de la ausencia de enfermedad. Se trata de un estado completo de bienestar físico, mental y social. Enfermamos, o no, en función de cómo vivimos. Nuestras condiciones económicas y psicosociales producirán más enfermedad o más salud que la propia condición biológica; la salud individual sólo puede abordarse de forma colectiva y social. El reto es crear una sociedad en la que aumenten la autonomía y la capacidad de decidir (es decir, la salud) de las mujeres y de los colectivos más débiles.

Hay que actuar para construir una sociedad más participativa, con un ejercicio más democrático de las responsabilidades políticas y un mayor control efectivo sobre las mismas.

Hay que actuar reclamando un gran debate social abierto y políticamente vinculante, con la máxima transparencia, con acceso a los datos y a los criterios de evaluación existentes para poder corregir los actuales sesgos economicistas y devolver sentido y humanidad a las políticas de salud.

Hay que actuar para no enfermar, levantando la mirada y poniéndose en pie para darnos cuenta de que no estamos solos en la voluntad de un cambio global. La salud se sitúa ahora en el epicentro de la lucha entre economía y política, entre las instrucciones del neoliberalismo y los derechos y necesidades de las personas. En tiempos de estafa social como los que vivimos, hay que prestar atención a los determinantes de salud de cada país o territorio, y actuar para conseguir una globalización solidaria y en positivo.

Hay que actuar transformando. Comprometerse en favor de la salud pública y de una sanidad mejor no es una lucha aislada; cobra sentido en una dinámica global, integrada y cada día más fuerte, en todo el planeta, por otro mundo posible.

Notas

1. http://puntsdevista.wordpress.com/2012/02/13/iniciativa-penal-popular-para-la-defensa-de-la-salud-y-la-sanidad-publicas/.

2. http://www.cadenaser.com/espana/articulo/recortes-sanitarios-castilla-mancha-reducen-diagnosticos-precoces-bebes/csrcsrpor/20120219csrcsrnac_6/Tes.

3. Los determinantes sociales y de desigualdad en materia de salud, de los que la OMS dice que son los que explican la mayor parte de las inequidades sanitarias, esto es, de las diferencias injustas y evitables observadas en y entre los países en lo que respecta a la situación sanitaria.

4. J. Benach y C. Montaner, «Aprender a mirar la salud: cómo la desigualdad social...», *El Viejo Topo* (2005), y http://dempeusperlasalut.wordpress.com/2012/02/06/observatorio-de-salud-1.

5. Son especialmente interesantes, la organización y las acciones de los autodenominados «iaioflautas» en Cataluña.

6. Gianfranco Pani, psicoanalista de la asociación de consumidores y usuarios de servicios financieros, explica el desahucio como enfermedad en http://dempeusperlasalut.wordpress.com/2011/06/29/determinantes-economicas-y-financieras-de-lo-que-genericamente-llamamos-salud.

7. Se ha incrementado también la atención en urgencias por intentos de suicidio. El suicidio es una de las formas de muerte más extendidas en el mundo, superando a los muertos por accidente de tráfico, terrorismo y violencia machista. Sin embargo, aunque un millón de personas se suicidan cada año según la OMS (mayorita-

riamente hombres), es un tipo de muerte que ha constituido desde siempre un gran tabú.

8. Es ilustrativo el estudio de L. Artazcoz, J. Benach, C. Borrell e I. Cortès, «Unemployment and mental health: Understanding the interactions among gender, family roles, and social class», *Am J Public Health*, n.º 94 (2004), pp. 82-88.

9. http://www.sinpermiso.info/textos/index.php?id=4633.

10. http://www.thelancet.com/journals/lancet/article/PIIS0140-6736%2811%2961556-0/fulltext.

11. http://www.fadsp.org.

12. http://dempeusperlasalut.wordpress.com/2012/02/14/la-profesion-medica-se-rebela-ante-los-recortes-y-la-perdida-de-calidad.

13. En *Reacciona*, en el capítulo «Las estafas cotidianas que conmocionan nuestras vidas».

14. http://ec.europa.eu/health/ph_overview/Documents/strategy_wp_es.pdf.

15. Según un informe de los Institutos de la Familia (FPU) y de Estudios Fiscales (IFS), medidas como la subida del IVA al 20 por ciento, la restricción de los créditos, los recortes en las ayudas a la vivienda y la congelación de las ayudas a guarderías son algunas de las causas que propician este deterioro social.

16. http://blogs.publico.es/trabajarcansa/2011/09/27/soy-un-gasto-publico.

17. http://www.lavanguardia.com/lacontra/20110124/54105214595/las-medicinas-curan-o-causan-cualquier-enfermedad.html.

18. http://bloclaratera.blogspot.com/2010/07/prescripciones-no-farmacologicas-0.html.

8

TIEMPOS OSCUROS PARA LA CIENCIA

Esther Samper y Sergio Pérez Acebrón

Esther Samper (Pilar de la Horadada, Alicante, 1984) es licenciada en Medicina y máster en Biotecnología Biomédica. Ha trabajado tanto en la investigación como en la divulgación científica. Como científica, fue investigadora predoctoral en regeneración cardíaca en el Centro de Investigación Príncipe Felipe (CIPF) hasta que los drásticos recortes motivaron su renuncia. Como divulgadora, creó el blog *MedTempus*, uno de los blogs médicos en castellano más conocidos. En 2007, fue la responsable de la sección de Salud de *Soitu.es* hasta su cierre. En la actualidad, es colaboradora de *Amazings.es* y de *El País* con el blog «La doctora Shora».

Blog: *MedTempus*: http://medtempus.com
Blog: http://blogs.elpais.com/la-doctora-shora
Twitter: @Shora

Sergio Pérez Acebrón (Barakaldo, Vizcaya, 1981) es doctor en Bioquímica por la Universidad del País Vasco. Actualmente es investigador en el German Cancer Research Center de Heidelberg, el centro biomédico más grande de Alemania. Su investigación se centra en un tipo de comunicación celular involucrado tanto en el desarrollo embrionario como en la progresión de varios tipos de tumores. Ha participado en trabajos publicados en revistas científicas de referencia como *Science*. Fue asesor científico del programa de televisión *Escépticos*, emitido en *prime time* en la televisión pública vasca (EITB). Ha colaborado en diferentes medios de comunicación, como *El Heraldo de Aragón*, *El Correo* o la plataforma de divulgación científica *Amazings.es*.

Blog: http://amazings.es/autor/tall-and-cute/
Twitter: @Acebron

Como muchos otros españoles, Cristina Gil Lamaignere se verá sin trabajo a finales de 2012, con la responsabilidad de un hijo al que mantener. A primera vista, podría ser un caso más dentro de los duros tiempos a los que nos enfrentamos, pero en cuanto conocemos un poco más a fondo la trayectoria de Cristina, queda aún más claro el drama de su situación.

Cristina Gil es doctora en Bioquímica y Biología Molecular por la Universidad Autónoma de Madrid. Comenzó su carrera investigando, sin financiación propia, para el Centro de Investigaciones Biológicas (CIB) durante un año, y fue entonces cuando decidió irse a Grecia, concretamente a la Universidad de Tesalónica, con una beca TMR de la Unión Europea. Tras un trabajo intensivo (con jornadas de doce horas al día y acudiendo al laboratorio también los fines de semana), completó su tesis doctoral en tres años con la calificación de sobresaliente *cum laude*. Desde Canadá, recibió el primer premio internacional para jóvenes investigadores de micología de Merck, por su excelencia en la investigación de tratamientos de infecciones por hongos en pacientes inmunodeprimidos.

Más tarde, realizó estancias científicas durante dos años en Alemania (tanto en la Universidad de Wurzburgo como en la Universidad de Heidelberg) y cuatro años en el Scripps Research Institute de Estados Unidos. La promesa de estabilizarse laboralmente en España, gracias al programa de excelencia para científicos Ramón y Cajal, y su estado de embarazo, la animaron a volver a su país natal después de muchos años en el extranjero. Tras varios años investigando en el Hospital Universitario Nuestra Señora de La Candelaria en Canarias, hoy no sabe qué será de su futuro cuando 2012 finalice.

El caso de la doctora Gil no es único. Como ella, centenares de prestigiosos científicos del Programa Ramón y Cajal, con décadas de exitosa trayectoria científica y experiencia internacional, se verán abocados a un futuro incierto durante este año y los siguientes por una realidad tan simple como tajante: las convocatorias para nuevas plazas de investigador en los centros públicos brillan por su ausencia. En otras palabras, no se está destinando dinero a asegurar la estabilización laboral de este grupo de científicos, uno de los compromisos que se mencionaban explícitamente en el Programa Ramón y Cajal si los investigadores pasaban las oportunas evaluaciones.

La situación resulta aún más indignante si tenemos en cuenta que un porcentaje importante de estos investigadores abandonaron un trabajo estable en el extranjero para volver a España y continuar así su labor científica en su propio país, confiando en las garantías de este programa. Hoy, tras largos años de estudio, trabajo y esfuerzo, se enfrentan a un oscuro futuro y a unos compromisos rotos. Muchos de ellos, tras aprender esta dura lección, probablemente apuesten por marcharse, otra vez, a aquellos países que realmente comprendan la importancia de su labor. Será entonces muy difícil que confíen de nuevo en los cantos de sirena procedentes de España para un posible retorno. Un científico que se ha marchado una vez podría considerar el regreso, pero es difícil que lo hagan aquellos que ya han sido castigados por haber tomado esta decisión.

Sin duda, vienen tiempos oscuros para la ciencia, y los científicos del Programa Ramón y Cajal son sólo la punta del iceberg de los afectados. Las consecuencias, como veremos a continuación, podrían llegar a todos los niveles en la investigación científica, hasta el punto de que hará falta muchos años para reparar este desastre si no actuamos a tiempo.

¿Por qué es importante la ciencia para nuestro país?

La ciencia es importante por sí misma; nos permite descubrir, poco a poco, los asombrosos misterios del universo, desde lo más diminuto hasta lo más gigantesco. Gracias a ella, desarrollamos tecnología que facilita nuestra vida y tratamientos médicos que nos ayudan a mantener nuestra salud y a vivir durante mucho más tiempo. Tanto es así, que la esperanza de vida en los países desarrollados aumentó treinta años en el transcurso del siglo XX, gracias a los avances en higiene y sanidad. Pero, como sociedad, ¿por qué nos debería interesar apostar por la ciencia precisamente ahora, en estos momentos de crisis? Hay una frase célebre, atribuida a Derek Bok (abogado, educador y ex rector de la Universidad de Harvard), que resume la importancia de la ciencia de forma clara y contundente: «Si creen que la investigación y la educación son caras, prueben con la ignorancia y la mediocridad». Su afirmación se basa en indicadores muy claros que relacionan la producción científica y la educación con el progreso de un país.

Así, por ejemplo, Alemania, Japón y Reino Unido no son países ricos que puedan permitirse el «lujo» de la ciencia, son ricos precisamente porque desde hace mucho tiempo apostaron decididamente por la investigación, la tecnología, el desarrollo y la innovación. Ante una crisis como la actual, resulta vital apostar por la economía basada en el conocimiento. Los descubrimientos científicos sientan las bases sobre las que se desarrollan la tecnología, los avances médicos o incluso la legislación. Si dejamos que se extinga la luz de la ciencia, nos veremos abocados a un futuro lleno de sombras.

La aportación de la investigación resulta muy fácil de ver cuando hablamos de la llamada «ciencia aplicada». Un ejemplo común son las vacunas o los avances en tecnologías energéticas. Sin embargo, fijarse sólo en este tipo de avances significa limitar nuestra visión de cómo se construye el futuro. La realidad es que los descubrimientos científicos relevantes son «ciencia que aún no se ha aplicado pero que un día lo será». Hay una historia que resume muy bien este concepto. Se dice que el gran físico Michael Faraday, descubridor del electromagnetismo, al ser preguntado por un funcionario sobre la aplicación de su descubrimiento, comentó: «Dentro de veinte años estará usted cobrando impuestos sobre esa electricidad». Sus trabajos hacen posibles nuestros generadores y motores eléctricos, entre una infinidad de tecnologías.

Tenemos que ser conscientes cuanto antes de que el modelo productivo actual de España no es el adecuado si queremos mantenernos entre los países desarrollados. La bonanza económica de la que ha disfrutado nuestro país en la última década no ha sido más que un espejismo creado por una burbuja inmobiliaria. No se trataba de un crecimiento económico real y sostenible.

Si aspiramos a seguir en el primer mundo, debemos ser capaces de desarrollar un modelo económico distinto del de los países subdesarrollados. Simplemente, no podemos competir con estos países en su terreno, porque para conseguirlo tendríamos que rebajar nuestras condiciones de vida y salarios hasta equipararlos con los de ellos. El turismo, uno de los grandes pilares económicos de nuestro país, no va a estar ahí para siempre con su actual volumen de negocio. Por ejemplo, ahora mismo, la «primavera árabe» ha impulsado el turismo hacia España, pero es cuestión de tiempo que los precios bajos y las playas mediterráneas que ofrecen Túnez y Egipto vuelvan a convertirse en destinos turísticos preferentes. Además, actividades básicas como la agricultura y la industria textil se ven cada vez más castigadas por la competencia de los países emergentes que ofrecen los mismos productos a un precio menor.

Invertir en investigación y desarrollo (I+D) es una apuesta decidida por una economía de pilares sólidos, estable y, sobre todo, distintiva. Japón es líder en el mundo por sus productos de elevada tecnología, Alemania posee una gran industria automotriz y un desarrollo farmacéutico impresionante, y Reino Unido presume de una tecnología industrial puntera y de las empresas farmacéuticas más importantes del mundo. Tenemos que plantearnos muy seriamente esta pregunta: ¿qué queremos nosotros ofrecer al mundo para diferenciarnos?

El inoportuno recorte de la ciencia española

Con el inicio de la legislatura, el nuevo gobierno anunció la desaparición del Ministerio de Ciencia e Innovación y la incorporación de sus competencias al Ministerio de Economía, despertando sentimientos encontrados entre los científicos. Por un lado, estaban aquellos que lo percibían con preocupación, pues la palabra *ciencia* pasaba simbólicamente a un segundo plano y ello no podía presagiar nada bueno. Por otro, se encontraban aquellos que lo veían como una oportunidad, pues la ciencia se incorporaba a un ministerio importante y prioritario como es el de Economía, y quizá eso significase una apuesta decidida por ella.

No fue necesario que pasase mucho tiempo para saber quiénes tenían razón: aunque no se deba a la desaparición del Ministerio de Ciencia, el reciente recorte de 600 millones de euros anunciado para los presupuestos de I+D es una muestra inicial de que no hay una apuesta por la ciencia española y supone el último gran tijeretazo que ha sufrido en sus ya raquíticos presupuestos. Se suma así al constante goteo de recortes que se habían ido produciendo en los años 2010 y 2011 a manos del anterior gobierno. Además, la inversión en I+D desde las Comunidades Autónomas sigue una tendencia similar y sólo encontramos excepciones llamativas como el País Vasco, donde, lejos de disminuir los presupuestos en ciencia, los están aumentando significativamente.

Para la mayoría de los políticos, la ciencia se ha convertido en un peso muerto que consume dinero, en lugar de en una inversión de futuro prioritaria. Por mucho que se les llene la boca diciendo que hay que apostar por la investigación y la innovación, la realidad es que sus acciones se contradicen con sus palabras. Probablemente se deba a que los frutos de la ciencia suelen tardar años en recogerse y a que nuestros políticos se han caracterizado por una visión a corto plazo, más rentable electoralmente, pero desastrosa para el futuro de un país.

Estos recortes llegan en un momento de lo más inoportuno, porque es precisamente ahora, en época de crisis, cuando tenemos que reconsiderar nuestros cimientos económicos y apostar por la ciencia para evitar que vuelvan a darse grandes depresiones económicas como la actual. Si cerramos líneas de investigación, despedimos a nuestros investigadores (ya sean jóvenes o curtidos) o les obligamos a irse al extranjero, estamos eliminando un capital humano precioso que será muy difícil de recuperar en años venideros. Debemos tener en cuenta que la interrupción de investigaciones y carreras científicas puede ser una situación devastadora para su continuidad. El conocimiento en las áreas más punteras de la ciencia avanza tan rápido que un investigador descolgado no puede volver fácilmente a la primera línea de investigación.

Estamos destrozando una vía prioritaria de desarrollo en lugar de potenciarla, y eso es algo que no saldrá gratis. Las decisiones que se tomen en los siguientes años sobre la economía española van a ser decisivas para el futuro del país. Puede determinar que se alce entre los más desarrollados o, por el contrario, se sumerja en el abismo del subdesarrollo.

Un recorte dramático para los científicos

Ante este panorama de drásticos recortes, los científicos han manifestado repetidas veces su alarma y preocupación. Estas medidas no sólo están afectando a la continuidad de múltiples investigaciones (que tardan años en obtener sus frutos en forma de resultados), sino que también pone en peligro las carreras de varias generaciones de científicos, condenados a la difícil elección de irse al extranjero o abandonar la ciencia. Desde los que se inician en la investigación (los investigadores predoctorales) hasta los más curtidos investigadores principales, pasando por los técnicos de laboratorio, los investigadores posdoctorales, todos ellos están sufriendo en mayor o menor grado las consecuencias de estas medidas económicas.

Si tuviéramos que elegir un ejemplo de entre todos los existentes para ilustrar los recortes de la ciencia española en toda su magnitud y la falta de compromiso político hacia ella, nos quedaríamos, sin lugar a dudas, con el Centro de Investigación Príncipe Felipe (CIPF). Este centro científico ostenta el dudoso honor de haber sido el primero de Europa en haber sufrido un ERE. Más de la mitad de la plantilla fue despedida y se cerraron catorce líneas de investigación en noviembre de 2011. La causa de tal suceso la encontramos en su volátil presupuesto, procedente mayoritariamente de la Generalitat Valenciana, que se redujo brutalmente en un 50 por ciento de un año para otro.

Esta decisión no se limitaba a echar a más de cien científicos a la calle, sino que implicaba mucho más. Para empezar, se cerraron e interrumpieron múltiples líneas de investigación centradas en enfermedades que afectan a millones de personas hoy en día: cáncer, esclerosis múltiple, Parkinson, infarto de miocardio, enfermedades autoinmunes... Pero, además, también dejaron con la tesis inacabada a varios jóvenes investigadores, haciendo peligrar su futuro como científicos. Para que se hagan una idea, sería el equivalente de dejar a una persona con la carrera a medias porque la universidad no tuviera dinero para impartir clases, con la dificultad añadida de que no se pudiera continuar esa carrera en otra universidad distinta. ¿La razón? Desarrollar una tesis implica centrarse en investigar un tema muy concreto en un campo de la ciencia muy definido, siendo casi imposible encontrar otros grupos de investigación centrados justo en ese tema.

Quien les escribe estas líneas, Esther, se encontraba entre esos jóvenes científicos y, al igual que ellos, tuvo que enfrentarse a situaciones sin sentido. Para empezar, el centro despidió al grupo de investigación con el trabajo predoctoral iniciado. La única alternativa: desarrollar una tesis totalmente nueva en un solo año y con otro grupo. Aparentemente, el CIPF considera que se puede distorsionar el espacio-tiempo para realizar una tesis completa en un año, algo prácticamente imposible en el campo de la biomedicina. Además, parece que también ve normal tener a becarios durante dos años, sin cotizar en la seguridad social, para terminar echándolos a la calle al llegar a la supuesta fase de contrato (incurriendo en un fraude de ley, pues las becas predoctorales del CIPF se anunciaban como dos años de beca más dos años de contrato), sin derecho a paro ni indemnización por despido y, sobre todo, sin la posibilidad real de desarrollar una tesis doctoral. Ante una situación así, sólo queda buscar un lugar donde desarrollar, de verdad, una tesis doctoral, aunque ello implique abandonar España.

Pero las medidas políticas que se tomaron en el CIPF no terminan sólo con los científicos en la calle, tesis dejadas a la mitad y líneas de investigación interrumpidas. En este centro había una importante cantidad de dinero que los científicos obtuvieron para sus proyectos y que tendrá que ser devuelto por la cancelación de sus investigaciones. Y, por último, pero no menos importante, conviene recordar que las decisiones económicas para el CIPF afectan seriamente a su futuro. ¿Qué científicos extranjeros brillantes van a querer trabajar en un centro de investigación en el que no haya ningún compromiso por garantizar su estabilidad? Con estas medidas no se atrae el talento, se espanta.

La imagen que ha exhibido el CIPF ante todo el mundo

(en publicaciones tan relevantes como *Science* y *Nature*) es, en definitiva, la del maltrato a la ciencia española en todos sus niveles. Y mientras se apalea económicamente a la ciencia, una investigadora en diabetes sigue trabajando en el centro gracias a donativos particulares conseguidos por una madre coraje, y un investigador predoctoral continúa su tesis gracias a la altruista donación de un premio otorgado a su investigadora principal. Sin duda, son gestos admirables, pero no dejan de resultar preocupantes, porque la caridad aparece cuando se ha producido un desastre.

Sucesos similares a los del CIPF están ocurriendo a gran escala en toda España. Poco a poco, vamos conociendo a más investigadores predoctorales que, repentinamente, dejan de recibir su sueldo y se quedan con la tesis a medias, como los doctorandos de la Junta de Comunidades de Castilla-La Mancha y los del Hospital Nacional de Parapléjicos de Toledo. En Asturias, los investigadores del Programa Severo Ochoa se encontraban en una angustiosa incertidumbre que hacía peligrar su trabajo; estuvieron cerca de cuatro meses sin cobrar, hasta que el Principado volvió a abonarles sus sueldos. Mientras tanto, en el archipiélago canario, el Gran Telescopio de Canarias (Grantecan), el mayor telescopio óptico del mundo, se encuentra al borde de la quiebra por la falta de inversión del gobierno central.

Tampoco podemos olvidar a los antes citados científicos del Programa Ramón y Cajal, que se ven en la calle por la ausencia de plazas para investigadores (el CSIC, por ejemplo, ofrece la asombrosa cifra de cero plazas en 2012, frente a las 250 que ofreció en 2007). En Canarias, más de siete mil científicos y técnicos se han quedado en el paro en estos dos últimos años. En la Universidad de Santiago de Compostela, decenas de investigadores adscritos al Programa Parga Pondal están sin trabajo y con el futuro en el aire pese a las promesas de estabilización. Si no se pone remedio, casos como los anteriores serán tan numerosos que resultará difícil contarlos.

Por lo pronto, ante los continuos recortes de los presupuestos en ciencia, más de 280.000 personas han mostrado su apoyo a la I+D firmando a favor de una casilla de ciencia en la declaración de la renta. La campaña, iniciada y difundida a través de internet, ha conseguido dar un toque de atención a los políticos para que aumenten la inversión en ella. Como en el caso de los gestos altruistas que vimos en el CIPF, no deja de ser un gran acto simbólico de respaldo a la ciencia ante esta situación dramática. Pero la ciencia no debe sustentarse exclusivamente en donativos si nuestra intención es que su futuro brille.

Todos los datos anteriores indican una seria falta de compromiso hacia un capital humano científico que, tras años de formación y experiencia invertidos, no tiene un lugar en el que desarrollar con normalidad su trabajo en nuestro país. Se están echando por la borda millones de euros invertidos en miles de científicos para que terminen sobradamente preparados en la calle o en el extranjero. Mientras, la idea de una España basada en la economía del conocimiento y la innovación se pisotea cada vez con mayor fuerza.

Los males endémicos de la ciencia española

Sin lugar a dudas, la escasa inversión pública en ciencia ha sido y es su gran y principal mal, pero pecaríamos de superficiales si nos limitáramos sólo a este problema. Tan importante como invertir suficiente dinero en ciencia es gestionarlo correctamente. Por tanto, para que la ciencia se desarrolle con todo su potencial, es más que necesario cambiar muchas de las características de la ciencia española.

Uno de los principales males endémicos es la irrisoria inversión en I+D del sector privado. A comienzos de año, tuvimos noticia de que una sola de las primeras diez compañías de la Unión Europea invierte en I+D más que las veintisiete empresas punteras españolas juntas. Es un hecho evidente: la mayoría de las empresas de nuestro país no ven la ciencia como una oportunidad para aumentar sus beneficios a largo plazo y ser cada vez más competitivas, sino como una forma rápida de obtener subvenciones y desgravar impuestos. Predomina el inmovilismo frente a la innovación, y, en un mundo cada vez más competitivo, aquel que no evolucione e innove no va a poder sobrevivir por mucho tiempo.

Otro de los males más importantes para la ciencia es el sistema universitario y su endogamia. En nuestra propia cultura, existe una arraigada endogamia que se explica por la necesidad de permanecer cerca de nuestro núcleo familiar y de nuestras amistades. Este tipo de comportamiento no constituye de por sí un problema. Ocurre, por ejemplo, cuando científicos españoles con una trayectoria brillante en el extranjero eligen regresar a su lugar de origen para devolver el conocimiento adquirido. Sin embargo, existe otro tipo de endogamia, asentada en múltiples ámbitos de la universidad, que es peligrosa, pues frena cualquier atisbo de cambio y renovación. Este mal endémico no entiende de méritos sino de mantener el *statu quo* en el marco de las luchas de poder en los diferentes departamentos. Sólo así puede entenderse que muchas de las personas que entran en la universidad como profesores a través de oposiciones procedan precisamente del mismo departamento que ofrece la plaza. Cuando se selecciona a los candidatos por pertenecer a la familia y no por sus méritos, no se favorece otra cosa que la mediocridad.

Por otro lado, la elevada carga docente y la burocracia sepultan el trabajo de investigadores brillantes, y, además, aquellos que hacen frente a esta titánica tarea apenas son recompensados, si es que no son directamente castigados por ello. Tampoco se estimula, desde el interior de la universidad, el desarrollo de carreras científicas brillantes. De hecho, se valora tanto la docencia para entrar en la universidad que muchos premios Nobel actuales no cumplirían los requisitos para ser ni siquiera profesores, y mucho menos catedráticos, en la universidad de nuestro país.

A los males científicos propios de la empresa privada y la universidad se une, además, la desconexión crónica entre ambas. La universidad, apoltronada en su cómodo ambiente académico, raramente enfoca sus trabajos a futuras aplicaciones en el mundo empresarial. Apenas mantiene relaciones con la empresa para ofrecerle los frutos de sus resultados y convertirlos en útiles en el mundo real. Este hecho se ve agravado, además, por la no menos problemática falta de emprendedores. Sólo así se explica el bajo número de patentes producidas por nuestro sistema de investigación, situado a la cola de Europa en este terreno.

Finalmente, nos enfrentamos a un problema de cultura científica en todos los niveles de la sociedad. Pese a que gran parte de los españoles valoran mucho la ciencia y a los científicos, ésta nunca ha tenido un gran valor para los medios de comunicación ni un acercamiento evidente por parte de la población general. Para poner de manifiesto la realidad de este asunto basta mencionar este ejemplo flagrante: hace unos años, España luchó por albergar el ambicioso centro internacional de fusión nuclear ITER, el segundo proyecto tecnológico más costoso de la historia, sólo por detrás de la Estación Espacial Internacional. Su ubicación final sería Francia. El día en que esta decisión fue tomada —una decisión que podría haber cambiado profundamente el futuro científico de este país— fue el mismo en el que España consiguió traer a sus costas la Copa América de vela. Este evento ocupó todas las portadas de los periódicos, mientras que el ITER quedó relegado a pequeñas reseñas, y eso en el mejor de los casos. ¿Qué nos ha quedado de aquella Copa América?

Científicos españoles en el extranjero: la otra cara de la moneda

El Consejo Superior de Investigaciones Científicas (CSIC) tiene una galería histórica con imágenes de sus presidentes. Entre ellas encontramos un grabado simbólico en el que se puede observar al doctor Ignacio Bolívar junto a una inscripción que indica que presidió dicha institución desde 1934 hasta el 1 de abril de 1939, el día en que se declaró el final de la Guerra Civil española. El doctor Bolívar huyó de la guerra meses antes para refugiarse en Francia y, más tarde, de allí emigró a México. En 1940 fundó la revista *Ciencia*, que se convertiría en una pieza clave para el desarrollo científico mexicano y que, además, sería el germen de la Academia Mexicana de las Ciencias. Este entomólogo fue uno de los 325 científicos españoles que encontraron refugio en México, uno de los miles que se exilió tras la guerra. Murió en Ciudad de México en 1944.

Hoy vivimos otro exilio, aunque no hay fusiles apostados en las trincheras ni un barco abarrotado en el puerto. Gota a gota, científicos, médicos e ingenieros abandonan el país en busca de un futuro prometedor que no encuentran en España. Los periódicos se refieren a este proceso como «fuga de cerebros». ¿Qué lleva a estos profesionales altamente cualificados a marcharse del país? ¿Qué condiciones encuentran en el extranjero? ¿Puede España hacer algo para parar esta sangría de potencial humano?

En la actualidad, unos diez mil científicos españoles desarrollan su actividad laboral en el extranjero, un número que aumenta cada día. Los motivos por los que estos profesionales trabajan en el extranjero son muy diversos. Algunos casos se encuadran en la movilidad asociada a esta profesión, ya que ésta requiere una formación continua. Alemanes o británicos, por poner dos ejemplos, suelen realizar estancias en diferentes lugares, como Estados Unidos, a lo largo de su carrera. El problema es que en el caso español la pérdida de investigadores es muy superior al retorno. El 60 por ciento de los jóvenes investigadores pretenden marcharse al extranjero a desarrollar su carrera, mientras que se estima que menos del 10 por ciento pueden regresar.

Estamos educando e invirtiendo en investigadores para que desarrollen su actividad productiva en otro país.

La mejor forma de entender la situación de la ciencia en España es comparándola con la de nuestros vecinos europeos que gozan de una situación sociopolítica similar. Los objetivos europeos para 2010 marcaban un mínimo del 3 por ciento del PIB invertido en I+D para dicho año, aunque finalmente se quedó en un 2 por ciento. Actualmente, Suecia, Dinamarca, Finlandia o Alemania se sitúan dentro del rango del 3 por ciento de inversión, mientras que España está por debajo del 1,4 por ciento. No es ninguna sorpresa que los citados países septentrionales sean reconocidos por su alta competitividad incluso en tiempos de crisis.

No es sólo que dichos países inviertan más, sino que también invierten mejor. Si analizamos el rendimiento de dos instituciones homólogas, como los centros Max Planck de Alemania y el citado CSIC español, podemos observar que la institución alemana publica unas tres veces más artículos en las revistas científicas más relevantes (*Nature* y *Science*) por cada euro invertido.

¿Cuál es el secreto del éxito alemán? Alemania ha promovido políticas de austeridad entre los países europeos tras la llegada de la crisis de 2008 y, aunque algunas de estas medidas han sido también aplicadas en el país teutón, sus partidas de inversión en educación y ciencia no han parado de crecer. En Alemania a la ciencia se la considera el pilar fundamental para el crecimiento económico desde el punto de vista tanto público como privado, y esto es así independientemente del color del gobierno.

El principal secreto del éxito alemán no reside en la inversión en equipamiento científico, sino en su potencial humano. Alemania ha conseguido atraer a muchos de los mejores investigadores del mundo usando dos vías que, aunque aparentemente sencillas, parecen habérsele escapado a España. La primera es la calidad de los contratos de investigador, con sueldos muy competitivos tanto en el sector público como en el privado. Puestos con estabilidad a medio y largo plazo sin la necesidad de recurrir a contratos permanentes (salvo excepciones), pues podrían reducir la productividad. La segunda es el fomento de la contratación de investigadores extranjeros en todos los niveles, desde estudiantes predoctorales hasta los directores de sus centros más punteros. Esto último se consigue, por ejemplo, fomentando la creación de centros donde el inglés es el idioma oficial. Mientras, en España todavía nos peleamos por el idioma que se usa en las universidades, impidiendo la incorporación de profesores e investigadores extranjeros porque no hablen castellano o alguna de las lenguas regionales. La situación en los institutos del CSIC no es mucho mejor. De hecho, el porcentaje de directores extranjeros es diez veces menor que en su homólogo alemán.

Un sistema tan competitivo como el alemán obliga a mantener una educación de calidad si se desea que los propios ciudadanos puedan acceder a él. Esto no es un problema para Alemania, que cuenta con varias de las mejores universidades del continente, como las de Heidelberg o Munich.

Heidelberg, por ejemplo, acoge la universidad más antigua del país. Al llegar a este enclave, uno se encuentra con una ciudad volcada en la investigación. Hospitales, centros de investigación y empresas se funden en el campus universitario para fomentar la colaboración interdisciplinaria en todas las ramas. Un ejemplo: no es raro encontrar ingenieros e informáticos integrados en departamentos punteros de biomedicina desarrollando nuevas tecnologías que puedan aplicarse a futuras investigaciones o para tratar pacientes.

Un coautor del capítulo, Sergio, llegó a Heidelberg hace

tres años con la intención de continuar su formación como investigador, tras realizar un doctorado en Bioquímica en la Universidad del País Vasco. El lugar de trabajo, el German Cancer Research Center, es el instituto biomédico más grande de Alemania. Unas semanas antes de llegar a Heidelberg, el doctor Harald zur Hausen, investigador del centro, recibió el premio Nobel de Medicina. Se daba la llamativa circunstancia de que había más premios Nobel viviendo en Heidelberg, una ciudad del tamaño de Salamanca, que todos los que ha tenido jamás España.

Un laboratorio en Heidelberg no es muy diferente de cualquier otro en España. Lo que ofrece este complejo es una red de expertos que permite que cualquier idea, por compleja que sea, pueda realizarse a menos de unos minutos andando. Todos los investigadores, desde los técnicos o los estudiantes predoctorales hasta los jefes de grupo, participan en la toma de decisiones y en las colaboraciones. Esto crea un clima de respeto hacia todos los trabajadores que facilita, a su vez, la circulación de nuevas ideas. Además, ayuda a que se fomenten la responsabilidad y la madurez entre los investigadores.

Quizá la idea más provocativa que ofrece un lugar como Heidelberg tenga que ver con la elección de las personas que lideran el futuro de la ciencia: científicos de menos de treinta y cinco años a cargo de grandes líneas de investigación. En el extremo opuesto, España y su tendencia a valorar la incorporación de científicos veteranos como eje fundamental de la política científica. Mientras, los pocos programas destinados a jóvenes investigadores en España, como el Ramón y Cajal, nunca fueron una punta de lanza del sistema al no ofrecer suficientes recursos para generar científicos independientes.

No debemos olvidar que muchos de los avances de la ciencia fueron impulsados por investigadores jóvenes. Un ejemplo clave es James Watson, que tenía veinticinco años cuando propuso, junto con Francis Crick (de treinta y siete años), la estructura de la doble hélice del ADN. Albert Einstein tenía veintiséis años cuando cambió nuestro concepto del universo. Pero es que ni siquiera hay que ir tan lejos: uno de los investigadores españoles más relevantes, el doctor Mariano Barbacid, tenía treinta y tres años cuando realizó uno de los descubrimientos más importantes en la investigación contra el cáncer. Juan Ignacio Cirac, también español y actual director de un Instituto Max Planck en Alemania, propuso con treinta años su modelo de computación cuántica, que está siendo clave en el desarrollo de nuevos mecanismos de computación. El primero realizó su descubrimiento en Estados Unidos y el segundo en Austria. ¿Cuántos científicos podrán cambiar el mundo desde España en la próxima década?

¡Actuemos!

España se encuentra actualmente con una tasa de paro juvenil cercana al 50 por ciento, algo inasumible en un país que se llama civilizado. Este dato por sí solo refleja un problema estructural y no una simple crisis pasajera. El sistema productivo del país simplemente no está preparado para el siglo XXI.

Durante la última década se realizó un esfuerzo en I+D, que permitió incrementar la inversión del 0,9 por ciento al 1,4 por ciento del PIB del país. Un importante aunque tímido avance si se compara con la canalización de recursos hacia el sector de la construcción, entre otros, que ha llevado al país a una situación como la actual.

Criticar un modelo productivo quebrado es muy fácil, pero ¿existe alguna alternativa? ¿Hacia dónde miramos?

Hoy vemos a los países nórdicos como un paraíso del desarrollo económico y de los derechos sociales, con una educación de calidad. Pero esto no fue siempre así. Antes de 1950,

Finlandia tenía una economía fundamentalmente agraria, con más de la mitad de sus trabajadores en el campo. Decisiones políticas certeras impulsaron el desarrollo del país durante décadas. Sin embargo, la caída del bloque soviético, junto con varios errores político-económicos, hundieron al país en una terrible recesión a principios de los años noventa. No fue un milagro ni la suerte lo que sacó a Finlandia de esa crisis, sino una clase política comprometida con el futuro del país. Una inversión del 3,5 por ciento del PIB en I+D y la mejor educación del mundo son dos de las claves que han catapultado a Finlandia desde una gran recesión hasta el lugar que ahora ocupa en apenas una década.

España podría ser Finlandia en 2020.

En primer lugar, el sistema de enseñanza español tiene que mejorar, y así lo indica el último informe PISA. Ésa debería ser la clave de un nuevo modelo productivo y merece, por derecho propio, un capítulo aparte. En segundo lugar, es necesaria una apuesta política que permita encauzar los recursos desde el modelo actual basado en el ladrillo y el turismo hacia un modelo tecnológico con la apuesta por la I+D como eje fundamental.

Mirarse en el espejo de la media europea es una falta de altura y ambición que no necesitamos ahora. O la apuesta es sincera o perderá fuelle como los anteriores intentos. España debe ir directamente hacia el 3 por ciento del PIB en I+D, y no sólo en tiempos de bonanza, sino también en tiempos de crisis. Ése debe ser nuestro mensaje. Moldeemos nuestro futuro incluso bajo la tormenta.

La inversión en I+D tiene dos componentes esenciales: el público y el privado. España está mal en financiación pública, pero es que se hunde cuando hablamos de inversión privada. Es imperativo que se creen las condiciones para que las nuevas tecnologías puedan competir con la improductiva especulación. Los gobiernos centrales y autonómicos disponen de medidas para fomentar dicha transición, que van desde las exenciones para la inversión en I+D hasta la gravación fiscal de las actividades que perturben la salida de la crisis. Estas medidas deben encuadrarse dentro de un marco jurídico estable. No es sensato que se produzcan cambios arbitrarios como el que ha afectado, por ejemplo, a la inversión en energías renovables. Esa inseguridad ha sido artífice de la desestabilización de uno de los pocos sectores punteros de los que dispone el país.

Un aspecto muy importante que atañe a la inversión pública es el del modelo de los centros de investigación. La experiencia de las últimas décadas nos muestra que cierto tipo de centros funcionan mucho mejor que otros. Un buen ejemplo es el Centro Nacional de Investigaciones Oncológicas (CNIO) de Madrid. Este instituto está entre los mejores del mundo en producción científica, al nivel del Instituto Salk de California. No es ningún secreto cómo se ha conseguido este logro. En primer lugar, una inversión estable que permite desarrollar proyectos complejos y la captación de científicos por sus méritos independientemente de su procedencia. En segundo lugar, la aplicación de una revisión periódica de los grupos de investigación por agentes externos y, por último, una estabilidad profesional sin tener que recurrir a contratos de funcionarios. No todas estas medidas son de fácil aplicación, especialmente en universidades. Sin embargo, algunas, como la revisión por comités externos, permiten valorar si los departamentos de investigación están desarrollando una política de contratación adecuada o se dejan llevar por alguno de los males endémicos del sistema español discutidos anteriormente.

Mención aparte merecen las políticas hacia los investigadores jóvenes. En este contexto hay que diferenciar entre varios niveles. Por un lado están los investigadores predoctorales que poseen un estatus similar al de la mayoría de los países europeos, si bien se debe asegurar su financiación y cotización durante todo este período. Otro es el caso de los investigadores posdoctorales, que necesitan estabilidad a medio plazo y la eliminación de falsos contratos a tiempo parcial para investigadores que realmente trabajan a tiempo completo.

Finalmente, el Programa Ramón y Cajal requiere una renovación que haga honor a ese ilustre nombre. ¿Por qué España no puede tener un programa de captación de jóvenes investigadores que compita por los mejores del mundo? Para ello hacen falta recursos de verdad, con un compromiso fuerte de estabilidad, independientemente de la tendencia política. Una inversión que permita a un científico joven crear un laboratorio, contratar a varios investigadores a su cargo y pagar los costes durante al menos cinco años, y más tarde, garantizar una continuidad si evaluaciones independientes aprueban el progreso. Sólo así se puede dar una seguridad que permita atraer tanto a científicos «fugados» como a nuevos talentos extranjeros, a la par que promover trabajos competitivos.

No son castillos en el aire. Cuando se les ha dado la oportunidad, muchos científicos españoles han llegado hasta las más altas cotas de la investigación. Por ejemplo, varios grandes centros del mundo tienen investigadores españoles como directores. Es el caso del citado Juan Ignacio Cirac, director del Instituto Max Planck de Óptica Cuántica en Alemania, y de Valentín Fuster, director del Instituto de Cardiología del hospital Mount Sinai en Estados Unidos. El incremento en la inversión de la última década empezó a dar grandes frutos; lo demuestra el hecho de que tres de los diez mejores trabajos científicos seleccionados por la prestigiosa revista *Science* en 2011 se realizaron, al menos en parte, en centros españoles.

Las encuestas colocan a los científicos entre los colectivos más valorados por la sociedad española, pero, como suele ocurrir con las guerras o los desastres en países ajenos, una cosa es que un problema nos preocupe y otra, que hagamos algo por solucionarlo. El principal escollo al que nos debemos enfrentar para salir de este atolladero somos nosotros mismos, los ciudadanos. Debemos tratar la ciencia como una inversión en nuestro propio futuro, como algo irrenunciable. Sólo así evitaremos caer en tiempos aún más oscuros.

9

TIERRA DE IGNORANCIA

Javier Pérez de Albéniz

Javier Pérez de Albéniz es periodista. Comenzó trabajando como locutor de programas musicales en 1984 en Radio El País. En 1987 comenzó a realizar crónicas de conciertos en el diario *El País*, donde escribió durante diez años reportajes e informaciones. En el suplemento dominical de este periódico creó «Vida verde», la primera sección medioambiental de la prensa española. Reportero del diario *El Mundo* durante nueve años, puso en marcha en 2004 el blog El Descodificador, dedicado a la televisión y cuanto rodea a este medio de comunicación.

Actualmente El Descodificador —uno de los más vistos y con mayor repercusión en España— forma parte de la web de la revista *Vanity Fair*. En estos años ha escrito para *El diario vasco, GEO, Muy Interesante* o *The Guardian*. Es autor de varios libros (*10.000 kilómetros a través de África, Lugares poco recomendables, El lince ibérico)* y ha dirigido programas de televisión.

Blog: http://www.eldescodificador.com/
Twitter: @descodificador

Por la ignorancia se desciende a la servidumbre, por la educación se asciende a la libertad.

Diego Luis Córdoba,
abogado y político colombiano

Cuenta Timothy Snyder, profesor de la Universidad de Yale, en su libro *Tierras de sangre* (Galaxia Gutenberg), cómo Hitler y Stalin acabaron con más de siete millones de civiles (además de los seis millones de judíos exterminados por la Alemania nazi) sin disparar un tiro, sin hacerles pisar un campo de concentración, sin poner en marcha una cámara de gas. Los mataron por desnutrición: negándoles la comida. Sólo la gran hambruna que Stalin provocó en Ucrania en los años treinta causó más de tres millones de muertos. Crímenes silenciosos que doblegaban las voluntades de pueblos enteros, rendidos, sin combatir, a los deseos y órdenes de tiranos sin escrúpulos.

También metódico, sofisticado y perverso es el plan diseñado por los actuales líderes económicos y políticos para impedir movimientos sociales, protestas civiles y levantamientos populares. En España, el Partido Socialista Obrero Español de Zapatero inició las tareas de demolición de la cultura y la educación, siendo el Partido Popular el que se encargará de finalizar un trabajo que les garantice, entre otras cosas, el bipartidismo eterno. La victoria de la derecha en las últimas elecciones ha puesto en marcha una revolución ultraconservadora que amenaza definitivamente lo que quedaba del Estado de bienestar. Las primeras medidas tomadas por los ideólogos neoliberales no se han hecho esperar: por un lado, empobrecer a los ciudadanos, reduciendo sueldos y abaratando despidos, y, por otro, dificultar su acceso al conocimiento, para entorpecer su capacidad de análisis y hacerlos más manejables. «Cuando oigo la palabra *cultura*, cojo mi revólver», decía un Goebbels que sentía la educación como una amenaza.

Nos niegan la cultura y la educación para debilitar nuestras defensas intelectuales, para mantenernos estúpidos y sumisos. Siembran ignorancia para combatir la indignación. Desactivan las ideas para mantener el sistema, que es tanto como mantener la brecha entre ricos y pobres; cada vez hay mayor desigualdad en nuestra sociedad, puesto que, cuando a los pobres se les niega la educación, se les niega el futuro, volviéndolos aún más pobres. Y no olvidemos que, de los 27 estados de la UE, España es en el que más se han disparado las diferencias entre ricos y pobres: tenemos 580.000 hogares sin ingreso alguno, un 34 por ciento más que en 2007.

Desarman la cultura para enterrar el pensamiento crítico. Acaban con la educación para alimentar la ignorancia, el individualismo y la apatía, para evitar las movilizaciones. Diseñan un país a su medida, en el que los jóvenes eliminan el doctorado del currículo para poder trabajar de camareros. Y los intelectuales permanecen desaparecidos: consideran pretencioso involucrarse en la refriega cultural y política.

Un sistema politizado

Los políticos desprecian la cultura. Y lo hacen fundamentalmente por dos razones. La primera es que se trata de una inversión a medio y largo plazo, términos difíciles de asumir cuando los márgenes con los que trabajan son electorales:

cuatro años. La segunda es que, cuanto más preparado esté el ciudadano, más criterio tendrá, y será por tanto más exigente con el trabajo de aquellos que gobiernan. Con toda seguridad, un votante culto y bien informado no votaría a un político mediocre, corrupto o ignorante. Educarse es gobernarse, una suerte de autogestión que quien aspira al poder no puede consentir. Desarmar la cultura es, por tanto, una estrategia de supervivencia, una garantía de futuro para una clase política que se aleja de la coherencia. El sistema educativo está absolutamente politizado; cada partido quiere imponer su modelo, lo que nos ha llevado a un cambio de sistema con cada cambio de gobierno. La Ley Orgánica de Ordenación General del Sistema Educativo (LOGSE) de Felipe González, la Ley Orgánica de Calidad de la Educación (LOCE) de Aznar, la Ley Orgánica de Educación (LOE) de Zapatero... Rajoy, que no podía ser menos, ya ha anunciado reformas para alumnos «con espíritu emprendedor», como alargar un año más el Bachillerato hasta llegar a los tres cursos, acortar la duración de la ESO, que pasaría a tener tres cursos... Tres décadas largas de desorden e incongruencia que nos alejan de las medias europeas: el 36 por ciento de los españoles de entre 25 y 29 años no han llegado a terminar la ESO (frente al 18,6 por ciento europeo), y sólo un 27 por ciento de esa población joven tiene estudios secundarios superiores (la media europea alcanza el 49 por ciento). «La política es inseparable de la frustración», resumió Daniel Innerarity, catedrático de filosofía en la Universidad del País Vasco.

«No nos representan», gritaban los manifestantes, la mayoría jóvenes, que el 15 de mayo de 2011 abarrotaban la Puerta del Sol de Madrid y numerosas plazas de España. Los políticos son el problema. El paro juvenil, que alcanzaba entonces el 21 por ciento, ha crecido y sacude con especial dureza a los chavales de entre 16 y 24 años: el 46,4 por ciento de los jóvenes españoles entre esas edades —conviene reiterarlo— no tienen trabajo, cifra casi cinco puntos porcentuales más que en 2010 y más del doble que la media de la UE-27, que se sitúa en el 21,4 por ciento. Así las cosas, ¿cómo podemos preocuparnos por algo tan superfluo como la cultura? Estamos hablando de un artículo de lujo, un capricho en tiempos de ajuste. La prioridad es el trabajo, maquillar las cifras de paro con empleos basura.

Un ciudadano preparado sería consciente del engaño. Por eso la cultura es un estorbo y la educación, una pedantería. Las humanidades han sido sustituidas por la ilusión del bienestar: un buen televisor, desde el que disfrutar de los exabruptos de Belén Esteban o de las jugadas de Cristiano Ronaldo, es el mejor remedio para alejarse de la dura realidad. Seguramente por esta razón terapéutica los españoles hemos conseguido en 2011 batir nuestro récord de consumo televisivo, con 239 minutos al día por habitante. Casi cuatro horas diarias consumiendo telebasura, desinformación y entretenimiento de dudosa calidad. La llamada «sociedad del espectáculo» ampara esta decadencia audiovisual, al tiempo que desatiende la figura del libro como icono cultural y de las librerías y bibliotecas como altavoces de la reflexión, el pensamiento y la sabiduría.

Cerrar una biblioteca debería considerarse un acto de terrorismo cultural. Durante la última gran crisis, los norteamericanos con menos medios acudieron en masa a sus bibliotecas. Allí leían libros, pero también hojeaban la prensa, escuchaban música y veían cine (DVD) de manera legal y gratuita, y disfrutaban de los recursos que les facilitaban esos centros para buscar trabajo. La cultura humilde giraba alrededor de las bibliotecas. En la Comunidad de Madrid, el presupuesto de las bibliotecas municipales para actividades culturales (cuentacuentos, talleres, tertulias filosóficas, clubes de lectura, cursos) se ha recortado un 80 por ciento en 2011. La tendencia es que abran menos horas, que tengan menos actividades y que la gestión pase a manos de empresas privadas. Estamos hablando de un manantial de cultura en un país como el nuestro, en el que el 41 por ciento de la población afirma que nunca lee libros. No debería extrañarnos, por tanto, que Esperanza Aguirre, presidenta de la comunidad madrileña, enviase una carta a 21.000 profesores con cuatro faltas de ortografía en cinco párrafos. Una mala imagen que hay que evitar: desde que comenzó la crisis en 2008, Aguirre ha gastado la friolera de 620 millones de euros en publicidad institucional, convirtiéndose en la autonomía que más invierte en autobombo.

¿Imagina usted que de pronto los ciudadanos leyesen más y viesen menos la televisión? En Estados Unidos ya han tomado medidas contra este posible caldo de rebelión y publican todos los años, por medio de la American Library Association (ALA), la lista de diez libros que acumulan más demandas para que sean retirados de las bibliotecas públicas. Títulos tan peligrosos como *Un mundo feliz*, de Aldous Huxley, desasosiegan a los padres estadounidenses. Y es que el escritor inglés expone en ese libro ideas francamente revolucionarias: «La ciencia es peligrosa; hemos de tenerla cuidadosamente encadenada y amordazada».

La investigación científica y tecnológica ha sufrido en España —también es necesario insistir en ello— una reducción de 600 millones de euros, en subvenciones y préstamos, en el plan de choque de recortes aprobado en diciembre de 2011 por el Consejo de Ministros. ¿Se refería a esto Huxley?

«Existe una tendencia deliberada a socavar y minimizar la importancia de la ciencia», asegura la astrofísica española Amaya Moro-Martín en la prestigiosa revista *Nature*, lo que provocará una «fuga de cerebros de varias generaciones, con científicos cualificados de entre veinte y treinta años teniendo que abandonar España. Una importante pérdida en innovación y credibilidad que tardará décadas en reponerse», sentencia.

Investigar en España se ha convertido en una misión imposible. La educación lleva el mismo camino; en los últimos dos años, los presupuestos para las escuelas y las universidades de las comunidades y del Ministerio de Educación se han reducido en cerca de 2.800 millones de euros, es decir, un 6,3 por ciento. Este último curso 2011-2012 ha arrancado con 140.000 alumnos más y mayor número de profesores titulares, pero con una cantidad inferior de refuerzo: 6.400 (2.500 menos sólo en Madrid). Y con unos maestros que cobran un 5 por ciento menos de sueldo y tienen que ampliar su horario. A estas cifras se deben añadir los 485 millones de las cuentas de 2012 que tiene previsto perder el Ministerio de Educación y Ciencia, más de la mitad en el área de enseñanza. Y las universidades no corren mejor suerte: sólo la Complutense (UCM), con 545 millones de presupuesto y una deuda acumulada de 150, ha presentado un plan de ajuste para ahorrar 40 millones en 2012. Algo no funciona: el 32 por ciento de los universitarios españoles dejan los estudios en el segundo curso de la carrera, lo que supone un gasto de 1.400 millones de euros. La Comisión Europea no ha tardado en advertir de que «los recortes en los presupuestos de educación amenazan con socavar el potencial de crecimiento de la economía y la competitividad».

Desde Bruselas nos advierten de que un país inculto está condenado a la mediocridad. Y eso que seguramente no han visto las fotografías de los alumnos del Instituto IES Vila-roja de Almassora (Castellón de la Plana), que asisten a clase con mantas, abrigos y bufandas al no tener calefacción. O no todos —porque han cruzado nuestras fronteras— los vídeos de estudiantes de entre quince y diecisiete años del Instituto de Educación Secundaria Lluís Vives, en Valencia, apaleados por la policía cuando protestaban por el «despilfarro» y «los recortes en educación» que se están produciendo en su comunidad. «No tienes cuerpo ni de puta», le dijo un agente de orden público a una alumna de catorce años que había salido a la calle a defender sus derechos. El jefe superior de Policía de Valencia llegó a calificar en rueda de prensa a los estudiantes como «el enemigo». Miles de personas, en su mayoría estudiantes, padres y docentes, salieron días después a la calle pidiendo dimisiones por la violencia policial y exigiendo «más educación y menos violencia».

Adoctrinamiento

No hay dinero, argumenta el gobierno de Mariano Rajoy. Depende de para qué, habría que puntualizar, puesto que José Ignacio Wert, ministro de Educación, Cultura y Deportes del Partido Popular, anunció en su primera comparecencia en el Congreso el apoyo del gobierno a «la puesta en valor de los toros como un bien cultural». Menos dinero para educación y ciencia, más para la llamada «fiesta nacional»: «Entre otras actuaciones se encuentra la extensión de las ayudas de acción y promoción cultural a las asociaciones sin ánimo de lucro del mundo del toro —asegura Wert—, o el diseño de una campaña de comunicación para la puesta de manifiesto de los valores culturales, socioeconómicos y medioambientales de la tauromaquia en su conjunto».

Una decisión humillante que sólo puede ser consecuencia de una derecha envejecida y sin rumbo. Wert, habitual de las tertulias sensacionalistas televisivas, se ha convertido, nada más recoger la cartera de Educación, en el hazmerreír de las redes sociales. Y en una mina inagotable para humoristas. El ministro ha acusado a los guiñoles de Canal+ Francia de «ataque xenófobo» a nuestro país. Ha dicho que el movimiento 15-M «mezcla socialismo utópico, radicalismo político y desconocimiento». Y ha sacado de sus casillas a 60.000 opositores docentes cambiándoles de un día para otro el temario, tras varios meses de estudio y preparación. Wert asegura que el temario en vigor era mucho peor que el que ahora impone, y que vuelve a los de 1993 y 1996. Podría ser cierto —aunque por ejemplo, y dada la fecha, no menciona ni la existencia de internet—, pero no parece muy probable que los aprobados en 2011 sean menos funcionales que los planificados hace casi dos décadas que ahora recupera. «Si fuera opositor, estaría dando saltos de alegría», sentenció el ministro. La guinda fue cuando, nada más tomar posesión, y en un alarde de inconsciencia, Wert utilizó citas falsas para desacreditar la asignatura de Educación para la Ciudadanía, y justificar de esta manera su supresión; como ejemplo del «adoctrinamiento» del texto académico, leyó un ensayo firmado por varios autores de ideología anticapitalista.

«A los alumnos les da exactamente igual sacar un sobresaliente que un cinco», aseguró el ministro de Educación para justificar su plan de endurecer los requisitos para obtener becas. El 23,4 por ciento de los estudiantes de los campus españoles, 362.134 universitarios, recibieron alguna ayuda en el curso 2010-2011. Los expertos se quejaban, antes de los recortes previstos por Wert, de que la escasa dotación económica del actual sistema de becas no garantiza la igualdad de oportunidades; muchos chicos tienen que trabajar y estudiar, lo que repercute en sus notas.

Incluso los proyectos universitarios más ambiciosos, los campus de excelencia diseñados para incrementar la transferencia tecnológica de las universidades hacia el mundo empresarial, van a sufrir las nuevas políticas educativas: el gobierno ha paralizado en quince comunidades los créditos concedidos al programa Campus de Excelencia Internacional (CEI), en el que el Estado ha invertido más de 700 millones de euros desde su puesta en marcha en 2008. Conviene recordar que la misma iniciativa en Alemania recibió 1.900 millones de euros sólo para el período 2007-2012.

Todo lo que huela a educación o cultura es susceptible de ser recortado, desde los más elevados proyectos de excelencia internacional hasta los más modestos planes rurales. Cuando escribo estas líneas, el gobierno de Castilla-La Mancha acaba de anunciar que deja sin efecto el artículo 128.3 de la Ley de Educación de Castilla-La Mancha, por el que se garantizaba el mantenimiento de una escuela en las localidades que tuvieran cuatro alumnos en los niveles de infantil y primaria. Gracias a la Ley de Medidas Complementarias para la Aplicación del Plan de Garantías, ya no hay un número mínimo de alumnos que garantice el mantenimiento de los colegios en el medio rural. Una lástima, puesto que la red de Colegios Rurales Agrupados (CRA) es un excelente sistema para conseguir una educación de calidad en el mundo del campo, cuyo éxito radica en que los que diariamente se trasladan no son los alumnos, sino los profesores. El final de este proyecto educativo, que evita el desarraigo de los más pequeños y ayuda a fijar la población en el ámbito rural, pondría en la carretera a 10.197 alumnos de 345 localidades.

Educación pública

La política educativa y cultural del Partido Popular resulta tan revenida como la carta pastoral en la que el obispo de Córdoba, Demetrio Fernández, advirtió de que «en las escuelas de secundaria, dentro de los programas escolares, se incita a la fornicación». Tan rancia como la de la Comunidad de Madrid, cuya Consejería de Educación ha pedido a los directores de los institutos de secundaria que soliciten el consentimiento de los padres antes de emprender una campaña organizada por Durex y cincuenta ONG para fomentar el uso del condón en alumnos de 3.° y 4.° de ESO. Tan surrealista como el pleito de una profesora de catolicismo enviada al paro en Almería por casarse con un divorciado; tras once años de batalla legal, el Superior de Justicia andaluz condena a Educación y a la Iglesia a readmitir a la docente. Las organizaciones ultracatólicas, que consideran un éxito cualquier paso atrás en educación, se sienten ahora amparadas por un gobierno que intenta deshacer todo el entramado educativo y cultural diseñado por el anterior ejecutivo.

La maledicencia forma parte de una estrategia gubernamental que, para debilitar la escuela pública y reforzar la privada-concertada, incluye los recortes y el desprecio por el profesorado. Porque en esto consiste el cambio en el modelo educativo propuesto por la derecha: recortar presupuestos en la pública para inyectarlos en la privada-concertada. Un modelo este último que atenta contra la libertad de oportunidades: al ser una educación más cara (según el INE, llevar un hijo a un colegio concertado supone unos 800 euros más al año que llevarlo a uno público), acogería a los niños de las familias más acomodadas, convirtiendo la pública en refugio de alumnos sin recursos o con problemas. La Iglesia se frota las manos con este modelo de educación, que beneficia notablemente sus intereses: nueve de cada diez colegios religiosos están concertados, frente a sólo seis de cada diez colegios laicos. Por cierto: los obispos españoles recibirán de nuestros impuestos, en 2012 y sobre el IRPF de 2011, 248,3 millones de euros.

¿Quiere devolver la derecha el control de la educación a la Iglesia? ¿Volverán los crucifijos a las aulas? ¿Tendremos una cultura como Dios manda? Todo es posible en una casta política capaz de homenajear a Manuel Fraga como adalid de la democracia. No podemos consentirlo. Tenemos que luchar por una educación pública, laica y de calidad. Sólo la escuela pública asegura la igualdad de derechos y la convivencia de personas con procedencias socioculturales diversas, y facilita la cohesión social. «¡Vivan las escuelas laicas!», gritó el pedagogo libertario Ferrer Guardia antes de ser fusilado en 1909. Su crimen fue, según Anatole France, «haber fundado escuelas, instruir a millares de niños en la moral independiente». Un tipo peligroso.

EDUCACIÓN PRIVADA

La educación privada, que acoge al 6,5 por ciento de los alumnos de toda España (algo menos de medio millón), también se resiente con la crisis económica: las escuelas infantiles han perdido en 2011 un 15,86 por ciento de los alumnos, con una disminución de la plantilla del 10 por ciento. En bachillerato, la reducción de estudiantes alcanza el 8 por ciento. También disminuyen las actividades extraescolares, comedor y servicios complementarios y el transporte (un 7 por ciento). ¿Adónde van los alumnos que abandonan la privada? A la educación concertada, colegios privados pero subvencionados por la administración que han notado un aumento de solicitudes y listas de espera.

Situaciones un tanto surrealistas que pueden provocar otras realmente esperpénticas, como la del colegio privado Santa Illa de Madrid, embargado por orden judicial en febrero de 2012 con los alumnos dentro. Los 160 chicos, de entre tres y diecisiete años, vieron cómo un grupo de operarios les quitaban los pupitres, las pizarras y hasta las tizas en plena clase y se llevaban el material en furgonetas. El centro arrastraba una deuda de 992.263 euros con la Seguridad Social, cuyo expediente comenzó en 1991. El 31 de enero de 2011, el sector educativo (enseñanza pública, privada y concertada) adeudaba a la Seguridad Social 110 millones de euros.

CREATIVIDAD POPULAR

Es difícil que la educación y la cultura, esos entes abstractos que escapan al control político, disfruten de la protección del Estado. Y menos de uno como el nuestro, corrupto e ignorante. Cuentan como los artistas e intelectuales noruegos enviaron una carta, poco después de terminar la Segunda Guerra Mundial, en la que exigían a su gobierno socialdemócrata que se facilitase a la población, sobre todo a la más aislada, el acceso a la cultura. Noruega era entonces un país provinciano, muy aislado y encerrado en sí mismo. El Estado creó un original sistema itinerante de teatro, cine y arte que dinamizó la vida cultural de la población, impulsó la creación de medios de comunicación y bibliotecas, protegió la industria editorial, incentivó a los escritores (derechos de autor del 20-22 por ciento), dio forma a una increíble red de salas de cine pública y, sobre todas las cosas, fomentó la creatividad popular, el reto de los gobiernos que apuestan realmente por el conocimiento.

Hoy los noruegos ven la televisión prácticamente la mitad que los españoles. En sus bibliotecas se compran libros, en sus cines se pueden ver películas minoritarias además de los éxitos de Hollywood, los editores reciben ayudas para publicar también sobre temas minoritarios; tienen un plan. Una estrategia cultural coherente a largo plazo, diseñada hace décadas y mejorada a lo largo del tiempo.

La sociedad necesita buenos políticos. Mientras llegan, nos las tenemos que arreglar solos. En el clima neoliberal que vivimos, la cultura debe convertirse en herramienta de lucha. Cuando el Estado te abandona, el enemigo es la resignación. Nos indignamos, pero no terminamos de movilizarnos; muchos intelectuales han tirado la toalla y optado por el individualismo. El español culto no se ha convertido jamás en un intelectual crítico. Es conformista. Y la cultura, que es diversidad y trasgresión, pero también imaginación y solidaridad, tiene como misión hacer de bisagra hacia nuevas formas de subsistencia. Tomar las calles es mucho más que una huelga general. Tomar las calles supone estimular las actividades colaborativas, la autogestión, las cooperativas, las asambleas... Impedir que la educación, ahora en manos de aquellos que ignoran las metas y los valores comunes, sea privilegio de las élites, para poder elevar el nivel educativo de toda la población. Canalizar la energía de manera colectiva para vencer el desencanto.

10

LA EMERGENCIA IGNORADA: LA CRISIS ECOLÓGICA

Juantxo López de Uralde

Juantxo Uralde Garmendia (San Sebastián/Donostia, 1963). Destacado ecologista español fue director ejecutivo de Greenpeace en España entre mayo de 2001 y agosto de 2010. En este tiempo, la organización creció (pasó de tener 70.000 socios a superar los 100.000 en España), multiplicó por dos los ingresos y ha conseguido impactos muy relevantes en la opinión pública española, en asuntos como el cambio climático, la contaminación marina o la protección de la biodiversidad.

En la actualidad es promotor del Proyecto EQUO, un movimiento sociopolítico que trata de llevar las cuestiones de la sostenibilidad ecológica y la equidad social a las instituciones, a través de la movilización y la participación política.

Es autor de decenas de artículos sobre cuestiones relacionadas con la situación de la Tierra, ha dictado numerosas conferencias y ha publicado varios libros sobre estas cuestiones, entre otros *El libro del agua*. Su última obra indivual es *El planeta de los estúpidos* (2010).

Ha recibido numerosos premios por su labor, entre ellos el Premio ECODES, de la Fundación Ecología y Desarrollo, o el Premio SUSTENTA por su trabajo contra el cambio climático. También el Premio Verde 2011, de la Fundación Navarro, a una vida dedicada al medio ambiente.

Cuando los jefes de Estado reunidos en Copenhague, en diciembre de 2009, fracasaban en su último intento serio de firmar un acuerdo global contra el cambio climático, estaban renunciando a dar el primer paso para hacer frente a la fuerte crisis ecológica a la que estamos llevando a la Tierra. Desde entonces, el agravamiento de la crisis económica y social ha condenado a la marginalidad cualquier esfuerzo en favor de políticas globales que frenen el deterioro de nuestro entorno natural. Las posteriores reuniones celebradas en Cancún y Durban han pasado inadvertidas por su bajo perfil mediático, consecuencia del escaso peso político de las medidas que se esperaba que se adoptasen en las mismas. Mientras la reunión de Copenhague albergaba a 120 jefes de Estado y de Gobierno, en Durban apenas una docena hacían acto de presencia. La crisis ecológica cabalga, por tanto, desbocada, y sus impactos son cada vez más visibles.

Los poderes económicos han optado por seguir adelante con este modelo suicida, que nos está llevando a pasos agigantados hacia el abismo ecológico, mientras los políticos asisten pasivamente a la quema.

La suposición, evocada erróneamente por algunos ilusos, de que en realidad el deterioro ecológico es una cuestión secundaria frente al grave deterioro de las condiciones de vida generado por la crisis económica, ignora la fuerte correlación entre una y otra. Los impactos del quebranto ambiental están directamente relacionados con un empeoramiento en las condiciones de vida de cientos de millones de personas, e inciden directamente sobre los precios de los recursos más básicos y necesarios para la supervivencia.

Veamos, de hecho, algunos ejemplos de graves crisis globales ocasionadas por el cambio en algún factor ambiental. El origen de la que culminó en 2008, con el estallido de la burbuja financiera en Estados Unidos y el cierre de Lehman Brothers, fue el aumento de los precios del petróleo. La «primavera árabe» se inicia por las revueltas ciudadanas en Túnez y Egipto como consecuencia de la subida de los precios de los cereales, fruto de la especulación y también de las malas cosechas producidas por un clima adverso. La última gran hambruna que ha llevado al límite a millones de personas en el cuerno de África se produce por una situación de grave sequía sin precedentes, y así sucesivamente. Cada vez con mayor frecuencia, observamos que el deterioro de los ciclos naturales tiene consecuencias sobre las poblaciones humanas.

Aquí, en España, nada menos que el actual presidente del gobierno, Mariano Rajoy, en un acto en el que mostró su profundo desdén por el medio ambiente, se despachó en 2007 con unas sonadas declaraciones cuestionando la existencia misma del cambio climático. Lo que se añadía a su cuestionable coordinación desde el gobierno de la crisis generada por la marea negra del *Prestige*. En aquellas semanas tan negras, Mariano Rajoy se puso en evidencia con afirmaciones tan sonadas como aquella de los «hilillos de plastilina», en referencia a los grandes chorros de crudo que salían del buque hundido. No es el mejor valedor para un asunto tan grave como el que tratamos.

Pero ¿cuáles son las causas de esta situación? ¿Es posible hacer algo inmersos en una profunda crisis económica como la actual? ¿No tendría todavía mayores consecuencias sociales? ¿Estamos aún a tiempo de frenar el deterioro?

Hoy podemos medir cómo afectan nuestras actividades al entorno en el que nos movemos. Esta medición de impactos arroja un dato estremecedor: si toda la humanidad consumiera lo mismo que un europeo medio, necesitaríamos tres planetas como la Tierra para obtener los recursos necesarios. En pocas palabras, no hay recursos suficientes para mantener los actuales niveles de consumo, ni capacidad para asimilar tanta contaminación; el cambio es imprescindible.

La necesidad de un nuevo modelo energético

En ese ineludible cambio de paradigma la energía desempeña un papel clave. La obtención de energía es un eje clave de estructuración social, y el actual modelo energético surgido en el siglo XIX está en el vértice de la destrucción ecológica.

La revolución industrial se inicia quemando carbón a gran escala en las factorías británicas. Después vendría la utilización masiva del petróleo, y posteriormente del gas natural. Poco se pensaba entonces en cuáles serían las consecuencias ecológicas de esta combustión masiva de las reservas de hidrocarburos acumuladas bajo la tierra durante millones de años. En la actualidad hay abierto un gran debate sobre qué fuentes de energía pueden sustituir a esos combustibles, que deben ser eliminados contrarreloj. Acuciado por la crisis del cambio climático y con una población que crece y demanda más energía, el ser humano se afana en encontrar nuevos recursos energéticos.

La búsqueda de una fuente de energía inagotable ha sido una de las mayores obsesiones del ser humano. Al fin y al cabo, las fuentes de energía influyen decisivamente en la estructuración y en el modelo de sociedad. El auge y la caída de las civilizaciones han venido marcados siempre por la misma ecuación: la disponibilidad de recursos para el mantenimiento —e incluso la posibilidad de expandirse— de la población. Ninguna civilización ha podido sobrevivir al declive de sus recursos. Entre ellos, el acceso a las fuentes de energía ha desempeñado un papel clave en el desarrollo de las distintas organizaciones sociales.

El agotamiento de una fuente de energía es lo que ha llevado sucesivamente a la búsqueda de la siguiente, aunque en el camino se hayan quedado aquellas civilizaciones y pueblos que no han sido capaces de encontrarlas, o de desarrollarlas de una manera adecuada. Resultan muy interesantes las distintas comparaciones entre la energía necesaria para cazar y la que se necesita para el desarrollo agrícola, y que marcó un cambio decisivo en la evolución humana. Era mucho más eficiente, desde el punto de vista de la energía final obtenida, la caza del mamut que el cultivo de la tierra. Sólo la extinción de esa especie, y por tanto su agotamiento como fuente de energía, forzó al hombre hacia la agricultura.

La evolución desde la sociedad cazadora y nómada hacia la agrícola y sedentaria puede darnos algunas claves útiles para el momento actual. Aunque en un principio el agotamiento o la extinción de determinados recursos energéticos de los que dependían nuestros antepasados debieron de generar una crisis incluso de supervivencia, finalmente motivaron una evolución del modelo de civilización. Por tanto, visto desde una perspectiva histórica, el fin de una fuente energética puede impulsar cambios positivos relevantes.

Ahora nos encontramos sin lugar a dudas en la fase final de la era de los combustibles fósiles. Además de que las reservas se van reduciendo, no cabe duda de que son factores ambientales los que nos forzarán a reducir los actuales consumos de carbón, petróleo o gas. La cuestión es muy compleja, pero se concreta en que la atmósfera no puede seguir acumulando carbono sin que se produzcan cambios dramáticos en las condiciones de vida del planeta, y la principal fuente de CO_2 es la combustión de grandes cantidades de combustibles fósiles. Llegar a un modelo energético basado al cien por cien en las energías renovables es viable técnicamente, pero falta la necesaria voluntad política para ponerlo en marcha.

El modelo energético es de enorme importancia para España. En la actualidad, la dependencia energética de nuestro país es superior al 80 por ciento. Las importaciones de petróleo tienen un coste enorme; en 2011 gastamos un mínimo de 45.000 millones de euros. Esa dependencia está suponiendo un trasvase de renta imparable. La apuesta por la energía del sol y del viento ha de tener para España no sólo importancia ambiental, sino también estratégica, ya que supondría un enorme beneficio económico para nuestro país reducir la costosa factura del petróleo.

FUKUSHIMA NOS DEVUELVE LA PESADILLA NUCLEAR

Cuando el 11 de marzo de 2011 un terremoto de nueve grados sacudió la costa nordeste de Japón, se desencadenaron una serie de hechos que culminaron al final en un dramático accidente nuclear. El intenso temblor de tierra causó un tsunami que asoló la costa de Japón y provocó miles de muertos. El organizado y metódico pueblo japonés contemplaba impotente como una región entera quedaba arrasada ante la fuerza que la naturaleza desata. Pero los efectos fueron más allá: a las pocas horas comenzaban a emitirse noticias sobre posibles problemas en algunas plantas nucleares de la zona. Poco a poco el foco se fue acercando a la central de Fukushima, donde se produciría la catástrofe nuclear más inesperada.

Japón, un país altamente tecnologizado y con una larga trayectoria y conocimiento en materia nuclear, pareció durante meses incapaz de controlar la situación en cinco reactores de la central de Fukushima. Esta vez no se trataba de la antigua Unión Soviética, como en Chernóbil, sino del moderno Japón del siglo XXI.

El origen del accidente estuvo en las aguas del mar que, impulsadas por un tsunami ¿imprevisible?, afectaron gravemente a los generadores de energía eléctrica de la central nuclear de Fukushima. La falta de fluido eléctrico estuvo en el origen del mayor accidente nuclear jamás ocurrido en Japón, y el segundo más grave de la historia de la energía nuclear en todo el mundo. En un principio, las autoridades nucleares lo calificarían con un grado 4 en un sistema que llega hasta el 7, aunque luego la Agencia Internacional de Energía Atómica se vería obligada a aumentar su gravedad, hasta llegar finalmente a ser calificado igual que Chernóbil.

Al calor del problema del cambio climático, la industria nuclear llevaba unos años en todo el mundo tratando de recuperar posiciones ante la opinión pública al venderse a sí misma como la única solución energética a gran escala para hacer frente al cambio climático, al no emitir las centrales nucleares CO_2 durante su funcionamiento. Poco imaginaban sus impulsores que las olas surgidas del mar se iban a llevar por delante uno de los mayores esfuerzos de relaciones públicas que se hayan producido en las últimas décadas: el llamado «renacimiento nuclear». Y, con ello, posiblemente acercarían el final de las centrales nucleares. Tras años de esfuerzos por volver a situar a la nuclear como una opción energética aceptable, los sucesivos fallos en los reactores de la central nuclear de Fukushima iban a dar al traste con esta larga y sostenida campaña de imagen, y volvería a instalarse en la opinión pública —y esta vez posiblemente de manera duradera— la percepción de que la nuclear es una forma demasiado peligrosa de producir energía.

La amenaza del «fracking»

Una nueva amenaza se cierne sobre el medio ambiente global. Comenzó en Canadá, y se ha ido extendiendo por otras partes del mundo. Se trata del *fracking* o fractura hidráulica, una tecnología para extraer gas en las reservas no convencionales, y cuyos impactos ecológicos están causando alarma. El *fracking* puede llegar a España, y crece la preocupación por sus posibles efectos sobre el medio ambiente.

Se trata de reservas de gas que no se encuentran en bolsas subterráneas, como las convencionales, sino que el gas se halla fuertemente adherido a las rocas a gran profundidad. Para extraerlo se inyecta a gran presión agua mezclada con componentes químicos, lo que consigue liberar el gas y que pueda ser recogido en superficie. La amenaza ahora se extiende a España, con permisos para sondeos proliferando en toda la península.

Los impactos asociados a esta actividad son múltiples, y van desde la destrucción del paisaje a las emisiones de gases a la atmósfera. Podemos destacar:

- Contaminación de acuíferos: un volumen de hasta el 2 por ciento de lo que se inyecta en el subsuelo con el agua a presión son productos químicos, que acaban contaminando los acuíferos subterráneos de la zona afectada.
- Destrucción del paisaje: para las explotaciones de *fracking* se necesita una gran superficie plana sobre la que ubicar las balsas, las torres de perforación, etc. Directamente se consigue con un gran movimiento de tierras para allanar el espacio, y con la consiguiente destrucción paisajística.
- Residuos sólidos: el *fracking* requiere de una enorme movilización de materiales que quedan acumulados como residuos, en muchos casos contaminados por las sustancias químicas utilizadas.
- Emisiones contaminantes: durante el propio proceso de extracción se producen escapes de gases contaminantes.

Por otro lado, el producto final del proceso es un combustible fósil, el gas, cuya combustión generará más emisiones que continuarán contaminado la atmósfera y agravando el cambio climático. Esta nueva amenaza debe merecer nuestra atención antes de que sea demasiado tarde.

No tenemos planeta B

«No tenemos planeta B», rezaban las pancartas en la última gran manifestación global por la Tierra celebrada en Copenhague el 12 de diciembre de 2009. Cientos de aquellos manifestantes acabarían encarcelados por las fuerzas del orden en una acción represiva sin precedentes contra una protesta ecologista. Dos años después el Tribunal Superior de aquel país calificaría de ilegal su actuación, pero la represión contra el movimiento social ecologista quedó patente. Las propuestas para cambiar el modelo energético mundial pasaron en aquellos días a ser subversivas. No es extraño, ya que las industrias nucleares y petroleras han mostrado en muchas ocasiones que no están dispuestas a dejarse arrebatar el negocio sean cuales sean las consecuencias del mismo.

Ahora sabemos de manera fehaciente lo que desde hace mucho tiempo sospechábamos: en el libro de James Hoogan *Climate Coverup* se detalla como, desde comienzos de los años noventa, tres grandes grupos de la industria estadounidense coincidieron en una estrategia a gran escala para poner en duda la ciencia sobre el cambio climático. A pesar de las evidencias reconocidas del impacto del ser humano en el clima, el American Petroleum Institute, la Western Fuel Association (una asociación industrial de empresas carboneras) y TASSC, un grupo anticientífico patrocinado por Philip Morris, promovieron una gran campaña de desinformación sobre el cambio climático. Esta enorme campaña ha tenido su reflejo y su impacto en todo el mundo.

En España, la discusión sobre el negacionismo en torno al cambio climático está directamente vinculada con los comentarios del actual presidente del gobierno, Mariano Rajoy, sobre el escepticismo de su primo al respecto. Menos anecdóticos fueron los movimientos del expresidente Aznar y su vinculación con grupos negacionistas.

Desgraciadamente, el éxito de esta campaña de contrapublicidad es evidente. En Estados Unidos, la mayoría de los ciudadanos todavía dudan sobre la veracidad del cambio climático, a pesar de la creciente acumulación de evidencias científicas. Así, en el mayor emisor de gases causantes del cambio climático, la acción política contra este problema es inexistente, e internacionalmente su actitud ha sido de bloqueo y obstaculización de cualquier proceso político que tuviera como objetivo frenar las emisiones de estos gases. Conviene recordar que, del total histórico de emisiones globales de gases de efecto invernadero, Estados Unidos es responsable del 30 por ciento.

Esta campaña para desactivar las acciones que busquen la protección del planeta y de todo lo valioso que acoge comienza por la resonancia que en todo el mundo tuvo la Cumbre de Río de Janeiro (también conocida como Cumbre de la Tierra), celebrada en la ciudad brasileña en 1992. El clamor mundial contra el deterioro del planeta había alcanzado en aquel momento un nivel que impedía a los líderes mundiales seguir eludiéndolo. De aquella reunión salió un compromiso para llegar a tres acuerdos globales para frenar el deterioro ecológico: uno contra el cambio climático, otro en defensa de la diversidad biológica y, por último, otro contra la desertificación. El primero culminaría en el Protocolo de Kioto, un acuerdo que el entonces vicepresidente estadounidense Al Gore suscribió, pero que el Congreso de su país nunca ratificó. Probablemente, la firma de aquel acuerdo es lo más avanzado que el gobierno de Estados Unidos haya hecho nunca contra el cambio climático. A partir de entonces, decaen todas las políticas ambientales en aquel país.

China toma el liderazgo

En la actualidad, el mayor emisor mundial de gases contaminantes es China. Su sistema energético, basado en la quema de carbón, es altamente contaminante. El crecimiento de sus grandes urbes, entre las que destacan Beijing y Shanghái, está alimentado por la quema en centrales térmicas de enormes cantidades de carbón, que llega en trenes y camiones desde sus cuencas mineras. Y el mismo sistema utilizan sus enormes núcleos industriales. Pero, además de la quema industrial de carbón, millones de hogares de todo el país alimentan sus calderas con carbón. Las montañas del mineral son bien visibles en los pueblos, y el humo negro sale a raudales de las chimeneas en las aldeas, sin contabilizarse en las estadísticas.

Desde que entramos en el siglo XXI, y en contra de la opinión generalizada, lo cierto es que el ritmo del incremento de las emisiones globales ha aumentado. El intenso crecimiento de economías como la china y la india hace que el ritmo de acumulación en la atmósfera del carbono procedente de la quema de combustibles fósiles suba cada vez más rápido. Aunque algunos países, como los de la Unión Europea, hayan conseguido estabilizar sus emisiones y cumplir así con el Protocolo de Kioto, la producción de bienes se ha desplazado en muchos casos al gigante asiático, y con ella también la emisión de gases. La globalización del comercio hace que gran parte de los bienes que consumimos en Europa se hayan fabricado en China.

A día de hoy no es posible, ni sería eficaz, un acuerdo para la reducción de la contaminación en el que China y otros países emergentes no tengan un papel relevante. Ciertamente, la economía china crece muy rápido: al mismo ritmo que contamina sus ciudades, envenena sus ríos y destruye sus recursos naturales. Por desgracia, el modelo de desarrollo no ha cambiado, y sigue haciéndose a costa de una brutal destrucción del entorno.

Europa pierde el liderazgo

Una de las claves para entender el fracaso de la Cumbre de Copenhague es que fue el escenario en el que Europa perdería el liderazgo internacional. El resultado final de aquella cumbre se fraguó en una habitación en la que se encontraban los líderes de China, Brasil, India, Sudáfrica y Estados Unidos, y en ausencia de cualquier representante europeo. Si en el período comprendido entre 1992 y 2009 Europa lideró la lucha contra las agresiones ambientales, en Copenhague quedó en segundo plano.

La causa de esta pérdida de liderazgo europeo reside en diversos factores, pero todos ellos convergen en un nexo común: un cambio hacia políticas cada vez menos comprometidas con la defensa del entorno. Las actuales políticas europeas priorizan de manera evidente el beneficio de las empresas, frente a la adopción de políticas ambientales.

Si bien el ecologismo es ya uno de los valores asumidos por la ciudadanía europea —como muestran una y otra vez las encuestas de opinión—, ese sentimiento no se ve reflejado en las políticas de sus gobiernos, cada vez más alejados de la población y siempre atentos a los intereses económicos de las empresas. A ello hay que sumar el peso creciente de los países emergentes, que, ante la falta de iniciativa de Europa, decidieron organizarse por sí mismos y junto con Estados Unidos.

Sin Europa será difícil que se acometan planes globales y ambiciosos de lucha contra la degradación ambiental. Pero la Europa de hoy adolece de una radical falta de iniciativa política en este frente. Prueba de ello es la incapacidad de los gobiernos europeos para alcanzar un acuerdo que permita reducir un 30 por ciento las emisiones para el año 2020. Un compromiso de este calibre daría un nuevo impulso al proceso de lucha contra el cambio climático. Pero a corto plazo no parece posible por la falta de voluntad para llegar a él.

Más allá de los discursos para la galería, en Europa no se ven con claridad las oportunidades que un nuevo modelo basado en los sectores de la economía verde, como las energías renovables, la agricultura ecológica, la electrificación del transporte o la rehabilitación energética de edificios, podría traer consigo para la generación de empleo, el principal problema que arrastra nuestra economía.

Es urgente un cambio de modelo energético. La dependencia energética del exterior es brutal, y sólo será sostenible una apuesta decidida por un nuevo modelo basado en las fuentes renovables.

España: el perfil antiecologista del gobierno de Rajoy

El mandato de Zapatero tuvo dos etapas perfectamente diferenciadas en política ambiental. Los intentos realizados en la primera legislatura para conseguir avances chocaron con los intereses económicos de sectores que forzaron un giro en la segunda y que consiguieron hasta eliminar el Ministerio de Medio Ambiente, que se vio diluido dentro del de Agricultura. En esto, como en otras cosas, el cambio comenzaría antes de la llegada del PP al poder.

Las elecciones generales del 20 de noviembre de 2011 pusieron en manos del Partido Popular más poder que el que nunca acumuló partido alguno durante la democracia. Para el medio ambiente y para las políticas ambientales esta situación puede ser muy negativa, sobre todo si el PP lleva a la práctica propuestas como las que ha venido planteando desde la oposición. Conviene recordar, no obstante, que durante la campaña electoral el PP optó por ofrecer un perfil bajo, ocultando sus propuestas más destacadas en la materia.

Mariano Rajoy diseñó un gobierno que algunos han llamado «de los *lobbies*», por el perfil de sus representantes más destacados. El Ministerio de Medio Ambiente continuará diluido en el de Agricultura, y bajo un ministro, Arias Cañete, cercano precisamente al *lobby* de la agricultura industrial.

No ha hecho falta que pase mucho tiempo para que ya conozcamos cuáles son las líneas políticas más relevantes del nuevo gobierno:

Energía

La apuesta es claramente por un modelo con especial peso de la energía nuclear y una estabilización de la potencia renovable instalada. Este modelo está muy alejado de las propuestas para llegar a un escenario cien por cien renovable en España, e incluso nos aleja del objetivo de la Unión Europea de alcanzar el 20 por ciento de energía renovable para el año 2020.

a) Energía nuclear: el gobierno apoyará el alargamiento de la vida de las centrales nucleares existentes. No se plantea —de momento— la construcción de nuevas plantas nucleares, aunque más por el alto coste de las mismas que por motivos ideológicos. A este respecto, ha decidido alargar la vida de la central nuclear de Garoña, cuyo cierre había sido fijado por el anterior gobierno en el año 2013. Con esta decisión, el ejecutivo del PP antepone el beneficio económico de las eléctricas a la seguridad de la población y el medio ambiente.

b) Cementerio nuclear: una de las decisiones más sorprendentes del gobierno ha sido la de elegir la ubicación del cementerio nuclear para residuos radiactivos de alta actividad en un pueblo de Cuenca (Villar de Cañas). Esta ubicación no estaba entre las tres primeras en puntuación, según el ranking que había elaborado la Empresa Nacional de Residuos Radiactivos (ENRESA). La decisión ha sido, por tanto, puramente política. Está directamente relacionada con el plan del gobierno de alargar la vida de las centrales nucleares. La falta de ubicación para la creciente producción de residuos radiactivos sería un freno al alargamiento de la vida útil de las centrales, tema prioritario en las políticas del gobierno.

c) Moratoria a las primas que recibían las energías renovables: por decreto, el gobierno ha establecido una moratoria a las ayudas públicas a las energías renovables. Lo ha hecho utilizando como justificación la excusa del déficit, aunque en realidad poco tenga que ver con ello. En todo caso, esta decisión es una muestra clara de por dónde irán las políticas del gobierno en la materia.

Costas

Uno de los anuncios del gobierno que más ha llamado la atención ha sido el de la modificación de la Ley de Costas de 1989. Habiendo sido el salvaje desarrollo urbanístico —genéricamente llamado «el ladrillo»— uno de los motivos que han agravado en España la crisis económica, parece que la apuesta política del PP vuelve nuevamente los ojos hacia el litoral. La reforma propuesta no va encaminada —como sería necesario y deseable— a garantizar una mayor protección del litoral, sino, por el contrario, a liberar más suelo para seguir construyendo.

Conviene no olvidar que, sólo en el año 2007, los municipios del litoral español aprobaron la construcción de más de tres millones de nuevas viviendas. Si bien la situación ha cambiado mucho desde entonces, el dato está ahí. En la actualidad se calcula que puede haber un millón de viviendas vacías en el litoral español.

Aunque a la hora de escribir este texto se desconoce el contenido concreto de la modificación de la Ley de Costas, todo apunta a que irá dirigido a una relajación de las normas de protección del litoral.

Cambio climático

El Partido Popular no tiene una posición definida sobre el cambio climático. No está claro que acepte como un hecho demostrado que el ser humano, con su acción, está modificando el clima; ni tampoco lo contrario. Sin embargo, sus políticas van encaminadas a eludir cualquier compromiso ambicioso de reducción de las emisiones.

La tímida declaración que realizó la ministra del gobierno socialista Rosa Aguilar, en el sentido de aceptar una reducción en el marco de la UE del 30 por ciento de las emisiones de CO_2 para el año 2020, ya ha sido rechazada por el nuevo gobierno. La moratoria en las ayudas a las energías renovables va en esa misma dirección.

Política de aguas

¿Vuelven los trasvases? Aunque en el programa electoral del PP no se consideraba la vuelta a ellos, las declaraciones del ministro de Agricultura van en el sentido de recuperarlos como una opción para la gestión del agua en España. El proyecto de trasvase del Ebro fue objeto de una amplia contestación, que terminó en un cambio radical en las políticas hidráulicas. Ahora el PP parece decidido a volver a la casilla inicial, ignorando los desajustes sociales y ambientales que puede generar.

Propuestas para la acción

No podemos seguir esperando y contemplando cómo el espacio en el que se desenvuelve nuestra vida, y en el que vivirán nuestros hijos, es destruido a pasos agigantados. ¿Qué mundo estamos dejando a los que vienen detrás? Es necesario y urgente actuar contra las causas últimas que generan la destrucción de nuestro planeta, y desenmascarar y denunciar a los responsables. Las raíces del problema son profundamente políticas, y hay que buscarlas en la prevalencia del interés económico a corto plazo sobre la adecuada gestión de nuestros recursos naturales.

De la acción individual...

El medio ambiente ha sido objeto de múltiples campañas de comunicación por parte de empresas y partidos. En muchos casos, esos mensajes han ido dirigidos más bien a estrategias de lavado de la imagen que a políticas reales para la reducción de los impactos en el medio ambiente.

Uno de los aspectos más repetidos en las campañas de divulgación es que la acción en defensa del medio ambiente debe ser individual. Sin embargo, este paradigma —tan repetido— no se ajusta a la realidad de la acción en defensa del entorno; sin duda, la conciencia individual es necesaria, pero la acción por el cambio debe ser necesariamente colectiva.

Hay acciones individuales que pueden reducir nuestro impacto sobre el medio; he aquí algunas ideas:

- Reducir el consumo de energía.
- Promover las energías renovables.
- Desplazarnos andando o en bicicleta por la ciudad.
- Separar los componentes de la basura.
- Utilizar menos recursos naturales (agua, materiales).
- Usar materiales reciclables o reutilizables.
- Consumir productos ecológicos.
- Alargar la vida de los objetos (reparación en vez de sustitución).
- Utilizar preferentemente el transporte colectivo.

Existen infinidad de libros y guías que nos ofrecen consejos sobre cómo actuar para reducir nuestro impacto. Incluso accediendo a páginas especializadas podemos medir nuestra «huella ecológica» (la huella que dejamos sobre el planeta por nuestra actividad, medida en hectáreas). Es interesante realizar este tipo de ejercicios para conocer cuáles de nuestros hábitos son los que dejan una huella mayor, y qué debemos corregir.

... a la acción colectiva

Como digo, tomar conciencia de lo que supone en términos ambientales nuestro transcurrir por la Tierra es clave, y de ahí el paso a la acción individual es importante. Pero, sin lugar a dudas, si queremos ser eficaces en la lucha ecologista hay que dar un nuevo paso hacia la acción colectiva.

El ecologismo es uno de los movimientos sociales más activos en España desde la Transición democrática. Agrupado en luchas contra proyectos concretos o en organizaciones ecologistas, lo cierto es que se trata de un movimiento con una tradición ya larga de acción ciudadana en muchos frentes.

Se considera que el ecologismo moderno nace en la década de los sesenta. La publicación del libro *Primavera silenciosa*, en el que la bióloga norteamericana Rachel Carson describe los efectos de los pesticidas en los campos, es el hito que da inicio a este movimiento. A través de acciones como el Día de la Tierra, que empieza a celebrarse en 1970, se va acercando a la sociedad, hasta llegar a la Cumbre de Río de Janeiro, el gran evento ecologista del siglo XX.

Las grandes luchas ambientales del siglo XXI necesitan de la acción colectiva. Queda dicho que la individual es necesaria, pero en ningún caso suficiente. Los grandes conflictos ecológicos hunden sus raíces en un modelo económico depredador de recursos. El paradigma del crecimiento continuo es incompatible con un medio físico y unos recursos que son finitos.

Por eso, a la hora de dotarnos de ideas para la acción, la más eficaz es la de unirse a las organizaciones ecologistas, sociales o políticas. Gracias a esa acción colectiva, se han conseguido detener grandes proyectos destructivos y se han impulsado políticas alternativas en muchos sectores.

En el campo energético, por ejemplo, solamente la lucha organizada del movimiento antinuclear ha conseguido detener el desarrollo de esta forma tan peligrosa de producción de energía. Y ha sido la conciencia social organizada la que ha impulsado un nuevo modelo energético basado en las energías renovables. Afortunadamente, son muchas las opciones que nos permiten hoy militar en la defensa del medio ambiente. Se trata únicamente de dar el paso y unirse a ellas. Y ya empieza a ser urgente.

11

SIN MIEDO, HAY FUTURO

Lourdes Lucía y Sofía de Roa

Lourdes Lucía nació y pasó parte de su infancia en Dajla (Sáhara). Estudió y se licenció en Derecho en la Universidad Complutense. Es miembro (en la actualidad no ejerciente) del Colegio de Abogados de Madrid. Desde hace más de veinte años trabaja en el mundo de la edición de libros. Veterana activista, en el año 2000 fue una de las fundadoras en España del movimiento ATTAC. Colabora con diversos movimientos ecologistas y organizaciones de defensa de los derechos humanos. Ha participado en congresos, jornadas, charlas y conferencias de los movimientos sociales, tanto dentro como fuera de España; desde septiembre de 2011 colabora en el programa *La Ventana* de la Cadena Ser. Es coautora del libro *Reacciona* (2011) y del cómic *Yes we camp!* (2011). En la actualidad dirige la editorial de pensamiento crítico y ensayo social Clave Intelectual.

Sofía de Roa nació en Valladolid, tiene veintisiete años y es periodista. Especializada en Comunicación Política y en Diseño y Planificación de campañas electorales en la Fundación Ortega-Marañón, colabora con esta institución en distintos proyectos de investigación y comunicación. Inició sus primeros pasos en Cadena Ser Ceuta. A continuación, cofunda AIRE (Agrupación Independiente de Radiodifusión Entreculturas), un experimento radiofónico que duró cuatro años. Actualmente, coordina la Unidad de Información Científica en la Universidad Rey Juan Carlos. Desde mayo de 2011 toma las ondas y copresenta el programa de debate y entrevistas, *Pan y circo*, en Ágora Sol Radio. Aficionada al teatro, sueña con ser actriz.

Ambas se conocieron en el 15-M.

Son insaciables, ya tienen instituciones democráticas y ahora quieren que funcionen.

CHUMY CHÚMEZ, humorista gráfico

Y así empezó todo

Hasta mayo de 2011, la simple idea de movilizarse resultaba desalentadora. Muchas manifestaciones y reivindicaciones anteriores eran desoídas, ignoradas, calladas o reprimidas. ¿De qué sirve manifestarse?, nos preguntábamos muchas veces. Sin embargo, la indignación se respiraba en los bares, en las casas, en las conversaciones con nuestros vecinos y compañeros de trabajo, cuando descubríamos que tras el maquillaje de lo que nos habían presentado como el mejor sistema democrático asomaban despilfarro, derroche, corrupción y desprecio por lo público. De alguna manera, se esperaba que alguna persona estallara para ir detrás, juntos, a exigir responsabilidades penales, a exigir que desaparecieran los delincuentes de las administraciones públicas, a exigir una ley de transparencia, una separación de poderes real, una ley electoral que permitiera un reparto de votos más justo, y reforzar los mecanismos de participación ciudadana en la vida pública. En definitiva, una regeneración democrática de abajo arriba. Nos preguntábamos por qué había una generación estafada, condenada a perder su juventud, por qué había casi cinco millones de personas desempleadas mientras bancos y grandes empresas declaraban beneficios. Es decir, en qué sistema vivíamos y si éste era el mundo que queríamos.

«Nobody expects the Spanish Revolution»

Nada surge de la nada y nadie puede predecir una revolución. El contexto social justifica la indignación y anima a la protesta. El estallido de la burbuja inmobiliaria, los drásticos recortes sociales anunciados en mayo de 2010, el paro imparable (casi el 50 por ciento de los jóvenes), describen sólo parte de los motivos para tomar la calle. Pero el terreno estaba abonado: las movilizaciones contra la guerra de Irak, el 13-M en 2004 y la aparición del «pásalo» visibilizaron la potencia de una ciudadanía conectada. El colectivo V de Vivienda, en 2006, constató su capacidad de movilizar a miles de jóvenes y personas sin techo, que denunciaban la imposibilidad de acceder a una vivienda digna. Las protestas anti-Bolonia generaron una red de trabajo dando lugar, años después, a la agrupación Juventud Sin Futuro, que ya en abril de 2011 sacó a la calle a miles de jóvenes que no se resignaban a ser la generación perdida/estafada. El fenómeno Wikileaks nos enseñó cómo los gobiernos mienten sistemática e impunemente a los ciudadanos y ciudadanas, y las acciones de miles de internautas contribuyeron a creer en la idea de que es posible cambiar el rumbo de nuestra sociedad. Tampoco se pueden olvidar las denuncias contra la Ley Sinde (hoy Wert), que colapsaron la red y se tradujeron en protestas a pie de calle ya desde febrero de 2011.

«Error 404: democracia not found»

Y es que la libertad y la neutralidad en la red son imprescindibles para canalizar y compartir este sentir común. Internet y las nuevas tecnologías de la comunicación y la información son el instrumento que canaliza la indignación y favorece la conexión entre una ciudadanía huérfana. En la red se puede, al menos hasta ahora, declarar el desacuerdo, criticar, implicarse, difundir y, sobre todo, organizarse sin controles de los gobiernos ni del mercado. La red, de manera horizontal, simultánea, transparente y en pie de igualdad, genera respuestas inmediatas y se trasladan a las plazas.

Grupos en Facebook como Social Party, Sin Noticias de Islandia, Asociación de Parados, Plataforma de Afectados por la Hipoteca y otros similares, consiguieron que miles de mujeres y hombres, de manera libre y espontánea, comenzaran a compartir «contrainformación» que, poco a poco, calaba entre los internautas generando una toma de conciencia sobre la capacidad individual para cambiar el entorno. Otro de tantos, Estado de Malestar, consiguió congregar semanalmente a grupos de personas en las principales plazas de cincuenta ciudades españolas para animar a la protesta y compartir sus motivos de hartazgo y/o cabreo. Así lo hicieron hasta el 13 de mayo. Libros como *¡Indignaos!* o *Reacciona* pusieron su granito de arena en el intento de despertar a una ciudadanía adormilada. Añadamos el trabajo de los movimientos sociales, el Foro Social Mundial o asociaciones como ATTAC (Asociación por la Tasación de las Transacciones Financieras y por la Ayuda a los Ciudadanos), que llevan ¡años! denunciando la dictadura de los mercados y la usurpación de la democracia por organismos internacionales impuestos por los poderes financieros. Igualmente, el estallido de la llamada «primavera árabe» alentó a salir a la calle en busca de justicia social a muchas personas, que miraban a los vecinos del sur con admiración y cierta envidia sana.

Desde niños a ancianos (¿quién no ha oído hablar de los «yayoflautas»?), personas de todas las condiciones reaccionaron ante la llamada, desde Facebook, de un grupo llamado Democracia Real Ya, creado por jóvenes dispuestos a sacar al país a la calle. Se acudió a su llamada de manera desesperada, ya que sindicatos y partidos políticos no conseguían atraer a una ciudadanía que cada día se sentía menos representada y observaba perpleja la sumisión de los gobiernos ante los bancos y entes económicos (con nombres y apellidos), mientras eran indiferentes a las personas que los habían elegido. Y el 15 de mayo de 2011 tomaron las calles de ochenta localidades españolas más de cien mil personas, que se plantaron ante una situación que ya no se toleraba, bajo el lema «No somos mercancía en manos de políticos y banqueros». Transcurrió de manera pacífica, alegre y reivindicativa, con una avalancha de pancartas y cánticos. Una manifestación histórica cuya importancia no supieron ver los políticos inmersos en una campaña electoral ni muchos periodistas, que infravaloraron lo que acababa de ocurrir.

«Es mejor arriesgar y perder, que perder por no haber arriesgado»

Con esta frase termina «¿Quiénes somos?», un manifiesto escrito por un grupo de unas cuarenta personas que, una vez finalizada la marcha, decidieron dar un paso más y pasar la noche en la madrileña Puerta del(a) Sol(ución). Establecieron un punto de información y recogida de firmas para apoyar la decisión de continuar reivindicando dignidad y conciencia política. No hay mano negra detrás. Desde el primer momento, se insistió en la idea de que cada cual se representa a sí mismo y de que no existen líderes o personalismos para abanderar tan sólo a seres humanos unidos por la voluntad de cambio. Este gesto, interrumpido por las Fuerzas de Seguridad del Estado, que a la mañana siguiente desalojaban la plaza, desató una explosión de solidaridad, que esa misma tarde reunió en la Puerta del Sol a miles de personas. Imágenes difíciles de borrar. Al final del encuentro se decidió acampar indefinidamente: se identificaron las necesidades, se crearon comisiones y comenzaron las asambleas. Horas más tarde, las acampadas se multiplicaron en más de medio centenar de ciudades, españolas y europeas en un primer momento, y, poco después, en miles de lugares alrededor del mundo.

Y si el 15 de mayo pasará a los anales de la historia, también lo haría el 19 de junio, cuando las calles se inundaron de nuevo para tratar de frenar la puesta en marcha del Pacto del Euro, la política europea que daba luz verde a las medidas de «austeridad», intensificadas desde entonces. Las caceroladas ante consistorios, consejerías, parlamentos, congresos, consulados, embajadas o entidades bancarias comienzan a generalizarse, poniendo en evidencia a una clase política que no responde a la llamada de atención de una voz, la de la ciudadanía, que quiere ser escuchada. Acciones de toda índole, y cargadas de creatividad, desempolvan, poco a poco, a una sociedad gris que, un mes después, consigue un nuevo récord de movilización: las «marchas indignadas» llegan a Madrid el 24 de julio. Desde Valencia, Barcelona, Cádiz, Bilbao y A Coruña arrancan columnas de «indignados», que recorren el país durante un mes convirtiéndose en altavoz de los problemas que ven en las poblaciones por las que van pasando: servicios públicos, empleo o el caciquismo que aún sigue vivo en grandes zonas de España. Miles de personas les esperan en la Puerta del Sol, demostrando que la unión hace la fuerza, y que los problemas se comparten. Las asambleas y actividades celebradas esos días estuvieron marcadas por cortes de agua y el desalojo del campamento situado en el paseo del Prado. Su llegada a Madrid supuso un conocimiento y puesta en común de las experiencias vividas desde el 15 de mayo en diferentes lugares del país. Ese mismo fin de semana, otro grupo comienza su marcha hacia Bruselas, recogiendo a su paso a caminantes procedentes de Italia, Grecia, Alemania, Francia, Rusia, Estados Unidos, Cuba, Colombia, México, Túnez, Polonia e Inglaterra, para llegar juntos al Parlamento europeo y evidenciar que el descontento social rompe fronteras.

Apenas hay pausa, pues la situación anima a no quedarse contemplando la vida pasar. La reforma exprés de la Constitución, sin referéndum ni debate público, o la visita del Papa a Madrid (cuyas juventudes fueron recibidas con alfombra roja) generaron que miles de voces recorrieran, día sí, día no, las calles de la capital de España. Se tomaron la playa y la montaña, y el final del verano dio paso a «mareas de colores» en defensa de la sanidad, la educación, la igualdad de género o ¡el agua!, protestas que también se tradujeron en encierros en colegios, consejerías y en los rectorados de las universidades. Así aparece «Toma la Facultad», implicando a estudiantes y profesores de manera decidida en el activismo social y político. El movimiento de lucha por la vivienda detiene desahucios, tapia oficinas bancarias, toma la bolsa, visita las sedes del Banco de España o de las agencias de calificación y anima a la ocupación de edificios vacíos como instrumento de reivindicación de este derecho, que el sistema niega a miles de familias mientras, sólo en nuestro país, se mantienen 500.000 casas vacías propiedad de los bancos. Los derechos de los inmigrantes también se defienden y Brigadas de Ciudadanas y el Observatorio de Derechos Humanos denuncian redadas racistas ilegales, negadas por el gobierno de turno, y la repercusión social que implican para la vida diaria de quienes las sufren. En la misma línea, esta iniciativa ha realizado una gran labor para visibilizar la situación de los Centros de Internamiento para Extranjeros en España (CIES, o «Guantánamos españoles»), lugares donde, según informes de organismos internacionales como S.O.S. Racismo, Amnistía Internacional o Pueblos Unidos, no se respetan los derechos humanos y cuyos internos son denigrados al punto de, en algunos casos, provocar muertes impunes.

La red bombea a la sociedad y refuerza relaciones sociales que se desvirtualizan en la calle. Permite conexiones internacionales para coordinar acciones y encuentros virtuales, y así, el movimiento Occupy aterriza en Wall Street el 17 de septiembre. A continuación, el 15 de octubre se confirma que la lucha es global y salpica a los cinco continentes. En Brasil, Colombia, Canadá, Taipéi, Europa del Este, Sudáfrica, India, Senegal, Nigeria, Rusia, Tokio, Melbourne y en más de 1.100 lugares salen a gritar «¡Basta!» al mismo tiempo.

El calvario que se vive en Libia, Bahréin, Siria, Yemen, Irán, Marruecos y muchos otros lugares, donde la represión es ignominiosa, hace pensar que el planeta es hoy un hervidero de lucha por el cambio. No en vano, y a modo de anécdota, «The Protester» fue la «persona del año» para la prestigiosa revista *Time*.

Pero éstas son sólo algunas pinceladas de lo que se está viviendo en calles y plazas. Es casi una misión imposible enumerar las acciones y los movimientos que se están dando en el mundo, ya que las reivindicaciones consiguen un efecto multiplicador. Aquí, en España, incluso la monarquía, institución hasta hace poco «intocable e intachable», es cuestionada sin tapujos como cualquier otro tema que sea común, y es que la actividad se ha trasladado a las plazas de pueblos y barrios, donde, por todo el país, se empiezan a constituir las asambleas populares. Y no por gusto, en más ocasiones de lo deseado, también ya incontables, las concentraciones se repiten en solidaridad con las detenciones, las multas administrativas y, en el peor de los casos, la represión violenta. Ante esta respuesta despótica se acude a la plaza a exigir responsabilidades, denunciar el abuso de poder y la dimisión de cargos. De hecho, la brutalidad policial extiende la protesta y la calle se vuelve a llenar cuando la violencia aparece en Barcelona, Valencia, Granada, Salamanca y también en apoyo a Egipto, Grecia, Estados Unidos o Siria, en solidaridad con personas que luchan por un objetivo común. Así, las acciones de unos y de otros se contagian, sirven de apoyo y se refuerza el respeto. «Éstas son nuestras armas», gritan miles de personas alzando sus manos, conscientes de que la violencia es de la policía y la razón está de su parte.

El respeto conquistado

Los primeros estudios de opinión realizados sobre el impacto de esta movilización social muestran un balance positivo. El informe IOP de Simple Lógica, realizado sobre una muestra de mil personas, sitúa el apoyo en un 73,3 por ciento. El estudio realizado por Cocktail Análisis sobre una muestra de internautas, cifra el respaldo al movimiento en un 83,4 por ciento, y el conocimiento del fenómeno es casi unánime en el mundo virtual, ya que un 97,5 por ciento ha oído hablar del 15-M. En la misma línea, según un estudio de Metroscopia para el diario *El País* se registra una crítica prácticamente unánime: el 90 por ciento de las personas encuestadas declaran que los partidos deben introducir cambios en su forma de funcionar para prestar más atención a lo que demanda la ciudadanía. Mientras, el panorama empeora y nuevas medidas impuestas por ese 1 por ciento que ahoga al 99 por ciento intensifican la repulsa, aun cuando los medios tradicionales edulcoran los acontecimientos y tratan de dar la sensación de «normalidad» ante porrazos que se generalizan. Los ciudadanos se defienden con palabras y brazos levantados en respuesta al asalto de la dictadura de los mercados, que, a través de los gobiernos, anteponen el dinero a la dignidad humana. Hay mucho que ganar y cada vez menos que perder. Se habla sin miedo de política, porque cualquiera sabe lo que le afecta o le rodea, y encuentra argumentos que desmontan los mensajes que llegan desde las instituciones oficiales. Se activa la capacidad crítica y se fomenta el debate cuestionando un sistema que deshumaniza. No hace falta ser un gurú, sino estar informado y atento, para darse cuenta de que sí hay alternativas y de que éstas se construyen.

¿«Perrosflauta» inútiles, ignorantes y ultras?

Cualquier persona que, paseando por una plaza, vea a un grupo de mujeres y hombres sentados en círculo y debatiendo animadamente, si tiene la curiosidad de acercarse podrá observar seguramente que hablan o escuchan con interés de los temas más diversos. ¿Qué es la prima de riesgo? ¿Por qué suben los impuestos a las rentas del trabajo y no se hace nada contra el fraude fiscal? ¿Qué está pasando con la enseñanza y la sanidad pública? ¿Por qué tantos recortes? ¿Es ilimitado el consumo o ponemos en riesgo los recursos naturales? ¿Nos vamos a quedar sin servicios públicos? ¿A quién le interesa que se privatice el agua? ¿Por qué el Banco Central Europeo presta dinero a los bancos comerciales a un interés del 1 por ciento y no lo presta a los países? ¿Por qué tenemos que caminar al ritmo que marcan los bancos? ¿Por qué miles de familias son desahuciadas y tienen que seguir pagando a los bancos? ¿Cuánto se gasta en armamento? ¿Para qué sirve? ¿Qué pasa en Islandia? ¿Qué está pasado en Grecia? ¿Por qué no se castiga a los corruptos? ¿Qué clase de justicia hay en España? ¿Hemos vivido por encima de nuestras posibilidades? ¿De qué somos culpables? ¿Va a crear empleo la reforma laboral aprobada por el gobierno del PP? ¿De qué tenemos miedo? ¿Por qué tenemos miedo? Si aún tiene más interés, se sienta y se queda un rato escuchando (o interviniendo), podrá comprobar que el respeto se impone y que la curiosidad y las ganas de aprender pueden con el cansancio y las incomodidades.

Todo está documentado. Miles de ciudadanas y ciudadanos cargados de armas de información masiva en forma de dispositivos móviles, ordenadores y cámaras de fotos, radiografían a una parte de la sociedad, ametrallan con valentía las redes sociales y bombean al mundo que se hace eco. Todas las personas son respetadas, no hay líderes. La asamblea es la forma de funcionar y toda esa energía se transforma en libros, artículos, análisis, ensayos, cómics, documentales, radios, medios audiovisuales, grupos de teatro, bibliotecas virtuales, música, arte y hasta en un periódico propio, el *Periódico del 15-M*, en una explosión de la creatividad y profesionalidad de quien no puede aportar su fuerza de trabajo a un mercado laboral anoréxico y encuentra un lugar donde realizarse. La diferencia enriquece y favorece la crítica, el debate y, en definitiva, el entendimiento.

El respeto y la simpatía se extienden, y personajes como Hörður Torfason, impulsor de la revolución silenciosa islandesa, comparte, en junio, en las plazas su experiencia en ese país. El premio Nobel Joseph Stiglitz tampoco quiere quedarse fuera, y se presenta el 25 de julio en una de las asambleas que el grupo Economía Sol organiza todos los domingos en el parque de El Retiro de Madrid. José Luis Sampedro asiste con Olga Lucas a la asamblea popular de su barrio en octubre. Y Carlos Jiménez Villarejo, Carlos Taibo, Arcadi Oliveres, Leo Bassi o el sociólogo Manuel Castells acuden también a las plazas. El periodista Ignacio Ramonet, desde sus artículos y conferencias, o el músico Manu Chao, desde los escenarios, se basan en las frases que estaban escritas en las acampadas para denunciar la complicidad de muchos medios de comunicación con el sistema.

Muchas voces conocidas apoyan esta convulsión social. También por Wall Street han pasado en varias ocasiones, para compartir experiencias y apoyar el camino empezado, la actriz Susan Sarandon o la escritora Naomi Klein. Y los mismos patrones se repiten por plazas de todo el mundo.

Sabemos lo que queremos

Y así surgen cientos de propuestas e iniciativas. *Políticas*, como la exigencia de transparencia; la reforma de la Ley Electoral; listas abiertas; revocación de los mandatos; facilidades para que la ciudadanía pueda promover iniciativas legislativas populares y referéndums; presupuestos participativos; acceso a las cuentas de los partidos; reclamación para que se haga público el patrimonio de los políticos; incompatibilidad del cargo de diputado con otros trabajos; corrupción sin prescripción; memorias de participación y rendición de cuentas; publicación del patrimonio de los diputados electos; publicación de las cuentas totales de la Casa Real. *Laborales*: derogación de la reforma laboral del 10 de febrero de 2012; reducción de la jornada de trabajo y de la vida laboral; aumento del salario mínimo interprofesional; establecimiento de salarios máximos; prohibición de expedientes de regulación de empleo en empresas con beneficios; equiparación de los derechos de los trabajadores, incluidos los autónomos. *Vivienda*: dación en pago para saldar la deuda hipotecaria y paralización inmediata de los desahucios; un organismo tasador público independiente; límite máximo de veinte años para la obtención de un crédito hipotecario, nunca superando el 60 por ciento del valor de tasación; creación de un parque de vivienda público en régimen de alquiler social. *Económicas*: progresividad del sistema fiscal y lucha contra el fraude; eliminación de los paraísos fiscales y de las SICAV; recuperación del impuesto de sucesiones con un tramo exento; exigencia de un referéndum para aprobar cualquier rescate o medidas impuestas por organismos internacionales para defender la soberanía del país; paralización del expolio de la privatización de las cajas de ahorro y creación de una banca pública; aplicación de un impuesto a las transacciones financieras que penalice y frene los movimientos especulativos; moratoria del pago de la deuda hasta realizar una auditoría integral, llevada a cabo por expertos sociales y expertos independientes, y repudio de la deuda que resulte ilegítima; exigencia de responsabilidades penales y patrimoniales a gestores financieros, agencias de calificación e instituciones, tales como el Banco de España, el Banco Central Europeo y el Fondo Monetario

Internacional; cumplimiento del pronto pago por parte de las administraciones públicas; control democrático de las instituciones europeas por parte de los ciudadanos; donación del 0,7 por ciento del PIB para ayuda al desarrollo. *Sociales*: ningún recorte a los servicios públicos, asistencia y una vida digna para nuestros mayores; pensiones justas y dignas; igualdad de derechos para las mujeres; defensa y garantía de la educación y la sanidad públicas; no a la privatización del agua.

Son propuestas y alternativas en cuya elaboración han participado profesionales (economistas, abogados, arquitectos, profesores...), pero que, sobre todo, han surgido desde abajo, teniendo en cuenta todas las voces. Alternativas que han sido debatidas, analizadas, estudiadas y aprobadas democráticamente con la participación de miles de personas en las plazas de cientos de ciudades. Frente a las agresivas políticas de los poderes financieros, que comenzaron hace dos años y que se han ido acentuando peligrosamente, sobre todo en Europa, se expone un programa realmente democrático que demuestra que es posible un mundo distinto, más justo e igualitario. Propuestas y alternativas que, a pesar del miedo y las amenazas con que se pretende acallar a la población, son capaces de despertar esperanza, ilusión y confianza en el futuro.

¿Morir de éxito?

La inesperada capacidad de convocatoria del 15-M ha despertado en la sociedad una oleada de simpatía, sorpresa, incredulidad y también de críticas (tanto externas como internas), algunas de las cuales no están exentas de razón.

Se trata de un movimiento complejo y para muchos aún difícil de entender, dadas las múltiples reivindicaciones y componentes que engloba. Se ha criticado su antipartidismo, y es posible que algunas personas que forman parte de este movimiento tengan esos sentimientos, aunque, en realidad, lo que el 15-M no quiere es ser una suma de siglas y se previene contra los intentos de manipulación. La toma de decisiones en un sistema que funciona de forma asamblearia y horizontal, y en el que se intenta llegar a amplios consensos, es a veces tediosa y causa impaciencia e incluso desaliento en quienes preferirían que todo se resolviera de forma rápida.

El 15-M es un recién nacido, tiene todo el camino por andar. Nadie puede predecir cómo evolucionará. Esto dependerá de muchos factores, especialmente de todas las personas que lo componen. De las que se añadan por su camino o de otros. Lo cierto es que cientos de miles de personas desean cambiar este sistema. Y para crear un mundo nuevo son necesarias cuantas más mejor.

De norte a sur, de este a oeste...

El 13 de febrero de 2012, el compositor Mikis Theodorakis y el veterano combatiente contra el nazismo Manolis Glezos hacían un llamamiento, profusamente difundido a través de la red desde Grecia, país especialmente castigado por las medidas impuestas desde la Comisión Europea y el Banco Central Europeo y cuya población lleva manteniendo una valiente resistencia, dirigido a todos los pueblos de Europa:

> En tiempos antiguos, la condonación por Solón de las deudas que obligaron a los pobres a ser esclavos de los ricos, la llamada «reforma *seisachtheia*», sentó las bases para la aparición, en la antigua Grecia, de las ideas de democracia, ciudadanía y política en Europa: los fundamentos de la cultura europea y mundial. Luchando contra la clase de la riqueza, los ciudadanos de Atenas señalaron el camino para la Constitución de Pericles y la filosofía política de Protágoras, quien dijo: «El hombre está muy por encima de todo el dinero». Hoy en día, los ricos están tratando de tomarse la venganza... Un puñado de bancos internacionales, agencias de información y fondos de inversión,

en una concentración mundial del capital financiero sin precedentes históricos, reivindican el poder en Europa y en todo el mundo, y preparan la abolición de nuestros estados y nuestra democracia con el arma de la deuda, para esclavizar a la población de Europa, poniendo en su lugar las imperfectas democracias que tenemos y sobre las que mandan las dictaduras del dinero y de la banca... Comenzaron con Grecia, utilizando a la población de este país como cobayas, para trasladarse a otros países de la periferia europea, y poco a poco hacia el centro. La esperanza de algunos países europeos de escapar eventualmente demuestra que los líderes europeos se enfrentan a un nuevo «fascismo financiero», no haciéndolo mejor que cuando se enfrentaron a la amenaza de Hitler en el período de entreguerras.

No es una casualidad que gran parte de los medios de comunicación controlados desde los bancos traten a los países de la periferia europea como «cerdos o pigs», y que su campaña mediática, sádica y racista, esté teñida de desprecio. Sus medios de comunicación no se dirigen sólo contra los griegos, sino también contra la herencia griega y la antigua civilización griega. Esta opción muestra los objetivos profundos y ocultos de la ideología de los valores del capital financiero, promotor de un capitalismo desregulado y destructivo... El monstruo financiero ha producido cuatro décadas de exención de impuestos para el capital. La «liberalización del mercado». Una desregulación amplia. La abolición de todas las barreras a los flujos financieros hacia los paraísos fiscales. Especulaciones y constantes ataques contra los estados soberanos. La compra de partidos políticos y de los medios de comunicación. La apropiación de excedentes por un puñado de vampiros y de «tiranos REX» que habitan en los bancos mundiales de Wall Street.

Ahora, este monstruo, verdadero «Estado detrás de los estados», parece preparado para asestar un «golpe de Estado permanente» financiero y político, y para más de cuatro décadas.

Y acaban llamando a la resistencia, a la unión de todos los pueblos de Europa:

Llamamos a las fuerzas y personas que comparten estas ideas a converger en un amplio frente de acción europea lo antes posible, para redactar un programa de transición de Europa, para coordinar nuestra acción internacional, con el fin de movilizar a las fuerzas del movimiento popular, para revertir el actual equilibrio de fuerzas y derrotar a los líderes actuales, históricamente irresponsables de nuestros países, con el fin de salvar a nuestro pueblo y a nuestra sociedad antes de que sea demasiado tarde para Europa.

Vamos despacio... porque vamos muy lejos

El 15 de mayo, se encendió en Sol una mecha difícil de apagar. Se liberó una energía que, como la lava de un volcán, se ha ido extendiendo por todo el mundo. Son mujeres y hombres, jóvenes y mayores, creyentes y no creyentes, profesores, médicos, bomberos, policías, jubilados, estudiantes, autónomos, periodistas, economistas, abogados, científicos, taxistas, agricultores, parados, *hacktivistas* —y también políticos— que han tomado conciencia de que es posible cambiar el entorno y de que la realidad no es inmutable. Encontrarse en las calles y comprobar que somos muchas, muchos los que nos cuestionamos el sistema, ha generado una conciencia colectiva de que existen posibilidades, recursos e individuos para alterar el aquí y el ahora.

Las acciones de desobediencia pacífica y el trabajo que se desarrolla en las asambleas tratan de asentarse como un contrapoder que poco a poco va fortaleciendo a la sociedad y su tejido asociativo. Aparece un ciudadano o ciudadana rebelde que no acata normas injustas, no consensuadas o directamente antidemocráticas. Podría decirse que una sociedad nueva está surgiendo dentro de otra que no funciona. Los espacios públicos vuelven a ser lugares de encuentro y no de paso. Las personas se organizan para defender lo común y ejercer derechos. Los barrios recuperan sus fiestas y comidas populares, celebran mercados, siembran huertos ecológicos y paran desahucios gracias a la solidaridad y el apoyo de los vecinos.

Son sólo algunos ejemplos. Y es que, aunque muchas personas desconfiaron en un primer momento, cada vez son más las voces que se unen y empujan para girar el timón de un barco que navega a la deriva.

Un año después, la energía desatada se propaga por diferentes países entre los que no están dispuestos a volver a casa con las manos vacías. Se pretende recuperar todo. Una ciudadanía despierta y que no obedece sin cuestionar, en busca de justicia social, está atenta, vigila a los y las representantes y exige explicaciones sobre el uso de lo público y responsabilidades ante la toma de decisiones que nos afectan.

En definitiva, se trata de mentes en las que han despertado ideas, ilusiones y esperanzas que no pueden morir. Los movimientos de protesta ciudadana surgidos durante todo el año 2011 no reflejan más que el enfado, la vergüenza y la indignación que millones de personas expresan, de manera pacífica, alrededor del mundo. Es un proceso de cambio en el que cabe todo hombre o mujer que decida que es tiempo de tomar cartas en el asunto, en la cosa pública. Sólo hace falta acercarse a una asamblea para ser testigo y protagonista de este momento, participar en las acciones y actuar en la vida diaria con la convicción de que el futuro depende de todos y todas las que no quieran decirles a sus nietos: «Yo no hice nada por evitar el mayor retroceso de derechos de la historia y me dejé robar el futuro». El futuro es ahora.

12

UNA SOCIEDAD EN LA CAZUELA

Rosa María Artal

ROSA MARÍA ARTAL. Periodista y escritora, nació en Zaragoza y reside en Madrid. Licenciada en Ciencias de la Información por la Universidad Complutense de Madrid, cursó estudios de Sociología y Ciencias políticas.

Ha desarrollado una amplia carrera en televisión, radio y prensa. En RTVE fue una de las reporteras clásicas de *Informe semanal*. Para este programa cubrió importantes acontecimientos como la caída del Muro de Berlín, de la que fue testigo directo desde la RDA o el fin de la URSS. Durante el verano del 91 estuvo en la corresponsalía de TVE en Londres.

Como presentadora de informativos sus destinos han sido TVE Aragón —en donde se inició—, TD3, el ya mencionado *Informe semanal* y Telediario Internacional. En RNE dirigió el programa *Dos en la Madrugada*. Corresponsal de *El País* en Aragón, durante la Transición, escribe artículos de opinión en *El País* y, hasta su cierre, en *Público*.

Es autora de varios libros, entre los que destacan: *Diario de una mujer alta* (2001), *11M-14M, Onda expansiva* (2004), *España, ombligo del mundo* (2008) o *Reacciona* (2011), del que es promotora, coordinadora y coautora. El más reciente es *La energía liberada, el estallido social de un mundo en crisis* (2011).

Blog: *El periscopio*. http://www.rosamariaartal.com
Twitter: @rosamariaartal

La sumisión o el autoengaño

El mayor destrozo causado a una gran parte de la sociedad en los últimos tiempos ha consistido en convencerla de que los recortes, las mermas en numerosos aspectos de su vida, son necesarios para salir de la crisis. La mitad de los españoles encuestados por el Centro de Investigaciones Sociológicas (CIS) para su barómetro de enero de 2012, pensaban que había que «sacrificarse en el presente pensando en el futuro». Pertenecen sin duda al sector dócil de la ciudadanía desinformada. Al que, fuera de cualquier encuesta, repite las letanías inducidas con el «hemos vivido por encima de nuestras posibilidades» como estandarte.

La sección de irreal optimismo se inclinaba por la creencia que obvia los datos de la realidad —si se conocen— de que «hay que confiar en el futuro porque al final las cosas salen bien», actitud por la que se inclina casi un 20 por ciento. De hecho, incluso de la Edad Media se resurgió; eso sí, después de diez siglos, con guerras, invasiones y migraciones, plagas, encapsulamiento respecto del mundo, dominio del fanatismo religioso e inmensos desequilibrios sociales con la consagración de feudos y vasallajes. No hay mal que mil años dure. O sí. Además, florecieron un arte esplendoroso y la universidad, y se sentaron las bases del Renacimiento. Mereció la pena tanto oscurantismo y tanta penuria, tanto retroceso en el desarrollo. ¿O no? Duro precio pagó Occidente.

Casualmente, el sistema actual se parece mucho más a un neofeudalismo —avanzando a zancadas gigantescas— que al liberalismo primigenio. La laureada libertad es «de mercado», de privilegio. Nos movemos ante la falsa creencia de que tomamos decisiones al votar, pero el sistema social se decide en consejos de administración privados con la connivencia de los gobiernos y de otros poderes —hoy, de alguna manera, también los grandes medios de comunicación—. El diezmo (los impuestos) apenas va a servir para pagar el bienestar común, como la sanidad, la educación o los transportes. Hay que ahorrar, dicen. De lo nuestro. Y, como en el medievo, si el señor, los señores, emprenden una campaña y fracasan, se paga con los gravámenes de los nuevos siervos, recortando el jornal si es preciso para afrontar la empresa. El señor nunca pierde.

Lo cierto es que, por esta causa, en España y en casi toda Europa vivimos en una recesión económica galopante, un retroceso social y ético similar al que supuso la Edad Media en el progreso del mundo, donde todos los días se merman derechos que costó mucho conseguir. Resulta asombroso que se acate sin mayor incomodidad.

Técnicas para la cocción de los crustáceos

Es cierto que existe una sociedad informada —en grado intenso y creciente, además— que lucha y obtiene frutos y que al menos afianza su dignidad. Sin miedo, pugna por sus derechos porque vivir en el temor continuo los aniquila de raíz. La que ata cabos y mira sin orejeras dirigidas la realidad de su entorno: una olla candente. Son como las ranas que saltaron a tiempo de una cazuela con agua hirviendo o que ni siquiera llegaron a entrar en ella, resistiéndose a todas las inclinaciones que las abocaban a ello. Las técnicas de manipulación social se asemejan mucho, de hecho, a las de cocción de los crustáceos: introducir en frío en la cazuela e ir calentando paulatinamente el líquido hasta que el cálido sopor impide reacción alguna; la ebullición lleva a pérdidas sustanciales...

como la vida, en su caso. La sabiduría popular lo ha explicado mediante ranas —uno de los animales más ágiles en el brinco—; de ser cocinadas hervidas (algo que no figura en las recetas tradicionales más inclinadas a optar por el asado al horno o la fritura), saldrían en estampida al ser introducidas en un líquido a temperatura insufrible. Del cangrejo de río al bogavante, sin embargo, sí sufren ese proceso para ser degustados en su punto. Parece que la sociedad actual también.

Imaginémonos a nosotros mismos en 2008, año oficial del inicio de la crisis que nos ahoga. El mundo de hoy nos parecería una cazuela con el agua a 99 °C y no podríamos resistirlo, no tantos al menos. Gran parte de los cambios introducidos en nuestro sistema de vida nos resultarían inaceptables. Pero el fuego añadió gradualmente grados al caldo. Bajada de sueldos, despido arbitrario y casi gratis, congelación de algunas pensiones y un horizonte que se aleja en los años tan sólo para cobrar menos, recortes y copago en sanidad, educación, más restricciones en cultura y ciencia, mermas de las ayudas sociales a problemas básicos como la dependencia y, en particular, los millones de parados —récord en el mundo industrializado— que caminan sin pausa hacia la aterradora cifra de seis millones, pronosticada, entre otros, por el Banco de España, el BBVA o el FMI... y, finalmente, hasta el propio Gobierno (aunque fuese prácticamente el único que no citó como causa los «ajustes» santificados en el altar de la austeridad). ¿Alguien con criterio puede creer que los miserables sueldos españoles y un despido tan fácil que ha ocasionado ya cifras bochornosas fueron los causantes de alguna crisis? El timón de la UE a la deriva llevando la economía europea a una recesión continua y en proceso de aumentarla. Mientras, los ejecutores de la crisis nos hacen «temblar» con sus aireadas «intranquilidades» desde el oscuro ente de los mercados e imponen sus reglas. Incluso, según nos cuentan los medios sin pudor, nos «castigan» como si lo mereciéramos. ¿A quién le parecería «normal» todo esto al inicio de la crisis? Pues muchos lo engullen hoy como tal, buscando culpables erróneos en el breve espacio de su corta mirada.

O la venta del patrimonio público, de los servicios públicos, para costear el enriquecimiento desmesurado de unos pocos, con la curiosa salvedad de ser la única expropiación en toda regla a la que no se compensa económicamente. Nadie entendería tampoco que un propietario privado a quien se derriba su casa para construir una autovía, por ejemplo, no recibiera dinero alguno por el daño. La brillante idea —ser resarcidos también por la venta del bien común como llamada de atención para que no se enajene con tal desfachatez— se debe a Ugo Mattei, profesor de Derecho Internacional Comparado en el Hastings College of the Law de la Universidad de California, quien llama a frenar el saqueo de los bienes públicos:

> Toda privatización decidida por la autoridad pública —representada por el gobierno de turno— priva a cada ciudadano de su cuota de bien común, exactamente como en el caso de una expropiación de un bien privado. Pero con una diferencia importante: la tradición constitucional liberal protege al propietario privado del Estado constructor, instituyendo la indemnización por expropiación, mientras que ninguna disposición jurídica —y menos aún constitucional— ofrece ninguna protección cuando el Estado neoliberal traslada al sector privado los bienes de la colectividad.[1]

Quienes aceptan lo inaceptable soñando en que, tras el amargo tránsito, verán la luz se engañan. Por este camino no, con ultraneoliberalismo no salimos. Son aquellos a quienes se coloca ante la evidencia —el desigual reparto de las cargas impositivas, la evasión fiscal o la corrupción que saquea las arcas públicas, el dinero que sí hay y que nos permitiría a todos «vivir *dentro* de nuestras posibilidades»— y responden: «Así ha sido toda la vida y no se puede hacer nada». En la

Edad Media tampoco, al parecer, pero han transcurrido lustros y siglos y mediaron las brutales guillotinas del hartazgo supremo en aquella Revolución francesa que cambió la historia. Aunque hoy nos parezca estar regresando al pasado.

La sociedad desinformada

La conformidad con los atropellos por parte de un sector de la ciudadanía, la sumisión, es, pues, el mayor estrago causado en la colectividad por el recrudecimiento de la revolución neoliberal desde la ficticia «crisis de la deuda (especulativa)» en el verano de 2011. Personas desvinculadas del concepto de «sociedad» como agrupación basada en la búsqueda de un bien común y que exige una actitud responsable para con todos. Pero éste no ha sido el único daño.

Nos cercenan la cultura, la ciencia y la educación, añadiendo además retrocesos ideológicos desde el triunfo del Partido Popular un premonitorio 20 de noviembre (de 2011). En apenas un mes pudimos comprobar que salían desde su cámara de criogenización con el pensamiento carpetovetónico intacto, a pesar de las décadas de progreso desde que ése fuera el dogma en España. El otro pilar esencial para el pensamiento propio y crítico es la información, actualmente también en un trance delicado.

Se desangran los medios tradicionales en una crisis que arroja víctimas palpables: la agonía y cierre del diario *Público*, los ERE y las expulsiones o rebajas en sueldos (que propició la reforma laboral del PP) en gran parte de las empresas periodísticas. Se reemplazan por becarios mal pagados los profesionales experimentados. Apenas se puede costear ya la investigación de noticias, imperando el más barato «copia y pega». La vorágine de la competencia desorienta el norte de lo que auténticamente necesita saber la sociedad, sustituyéndolo incluso por lo que triunfa en las redes sociales: Twitter y sus temas populares van a los titulares como en una subasta de feria. Páginas de agregación de noticias o noticias al peso. La crisis ha afectado a todos los estamentos de la sociedad, y sólo un reciclaje, una renovación, un cambio radical, ofrecerá salidas.

La televisión en España

Prácticamente el 70 por ciento de los españoles prefieren informarse por televisión, frente a un 19,5 por ciento que lo hacen en internet, un 13 por ciento por la radio y sólo un 5 por ciento por prensa escrita. Si tuvieran que elegir un solo medio, la mitad se inclinarían por seguir la actualidad a través de los informativos de la gran pantalla.[2] No se puede ignorar este significativo dato para comprender la sociedad española, así que merece la pena detenerse en qué es lo que ven.

La política audiovisual del gobierno socialista, basada —se dijo— en la búsqueda de pluralidad, ha dejado la televisión en España en manos de los dos grandes grupos privados originales: Antena 3 (tras absorber a La Sexta) y Telecinco (con la succión *contra natura* —más aún si cabe que la anterior— de Cuatro, que hizo desaparecer una CNN+ con amplitud de voces y contenidos). La TDT se llenó de canales de ultraderecha que, además, apenas pueden sobrevivir por la consiguiente fragmentación de la audiencia. Su siembra de basura, sin embargo, fructifica —gracias a su tenacidad— en personas desinformadas y con poco criterio.

RTVE comenzó a debilitarse con el despido de 4.150 trabajadores —entre los que me cuento— por un expediente de regulación de empleo. En el abultado paquete salieron, sin ir más lejos, buena parte de los reporteros gráficos conocidos como «pata negra» y los realizadores que habían creado la imagen de la televisión en España, los que pusieron nuestros ojos en hitos trascendentales y en todo hecho que lo mereciera. Entre otros muchos profesionales. La mayor parte con poco más de cincuenta años. ¿Qué mejora suponía? Ah, la «rentabilidad», abaratar los costes.

Para gran parte de la población, la RTVE del gobierno de José Luis Rodríguez Zapatero ha sido la más objetiva de la historia. Apreciación que no comparto totalmente, aunque sí es cierto que dejó de servir al partido en el poder, en este caso al socialista. Pero la servidumbre a la política que ya denunciaba en *Reacciona* permaneció. No es noticia lo que opinan los políticos cada día. No es información que aparezcan de continuo en pantalla contraponiendo la de los dos partidos mayoritarios sin ofrecer —en buena parte de los casos— datos, hechos, que permitan al espectador conocer la verdad al margen del parecer de criterios partidistas. De ser ésa la objetividad, habría que llamar a todas las formaciones políticas, sindicatos y organizaciones sociales en cada noticia. Una locura. No operan así en países con mayor tradición democrática. ¿Vemos a Obama constantemente contradicho por un republicano? ¿A Sarkozy? ¿A Merkel? ¿A Cameron? Ésa es mi objeción fundamental a la presunta objetividad, esa entelequia que se deshace en cada selección de la prioridad o la inclusión o no de las noticias. Y la creencia de que la repetición sistemática del programa electoral —en forma de opiniones— es una información que enriquece el criterio de la sociedad.

Pero al PP no le gusta la televisión pública. A los neoliberales no les gusta nada que sea público, salvo las fuerzas que les ayudan a mantener «el orden» o ejercer el poder en sí mismo. Ya ha barajado la posibilidad de ¡privatizar! los informativos, es decir, de que se rijan por la búsqueda de beneficio económico… si no político también. La RTVE nacional está herida de muerte por los recortes (que en algunos casos hubieran estado justificados en los despilfarros de determinadas partidas, nunca en lo esencial si se quería mantener el servicio). A la hora de escribir este texto, el Consejo de Administración en funciones ya ha desgranado en el Parlamento las líneas de actuación previstas: acabar con todo lo que ha convertido RTVE en líder de audiencia. Series emblemáticas como *Cuéntame* o *Águila Roja*; *Teledeporte*, *Clan*, la *Champions*, la liga de baloncesto, películas norteamericanas, españolas recientes… todo lo que atraía a más espectadores. Hasta el longevo *Saber y ganar*, ubicado en La 2, la cadena «culta» que también se desprende de sus muy asequibles documentales adquiridos. Reducción de inversión en los informativos y en el Canal 24 horas… una auténtica poda, destinada también a mermar su credibilidad. Los consejeros declaran que ya saben que se perderá audiencia, mucha. Es el manual clásico del neoliberalismo: se destruye un servicio público y ya hay justificación ante los incautos que les creen, para suprimir o acometer la amada privatización. Peligra también su independencia. Ya se vislumbró en el acuerdo del Consejo de Administración a finales de 2011 para poder tener acceso a los minutados en los que trabajaban los periodistas, que propuso el PP y secundó el PSOE. Aunque no consumado, sentó un grave precedente. Las continuas quejas y avisos por su presunta falta de objetividad hacen temer negros futuros. Los ejemplos de la zafia manipulación partidista de las televisiones que venía controlando el PP desde hace años, con Telemadrid y el Canal 9 valenciano como máximos exponentes, parecen predecir el horizonte más probable. Desde la competencia mediática privada también se suman dudas sobre la televisión pública: RTVE no tiene quien la quiera. Salvo… lo que pensamos que es la única que puede garantizar un servicio a los ciudadanos fuera de intereses comerciales o ideológicos.

En este panorama RTVE ha sido, sin embargo, la mejor televisión, la que ha ofrecido algunas noticias imprescindibles y —antes de los hachazos al presupuesto— la que continuó mostrándonos las noticias e imágenes de realidades con trascendencia dentro y fuera de España. Triunfa en la comparación con las grandes cadenas privadas en las que prima el espectáculo informativo de sucesos y vacuidades, con Telecinco como ejemplo de manual. Cadena de inspiración *berlusconiana* que también prodiga presuntos debates, cuyo único objetivo es «distraer» y acaparar audiencia para disponer de más publicidad, y en consecuencia obtener más lucro. En general, ningún debate, en ninguna cadena, puede hoy compararse con lo que supuso *La clave*, de José Luis Balbín.

En conclusión, quien crea estar informado surtiéndose para ello únicamente de la televisión, tiene un problema. No lo está.

El miedo y la anestesia

No es tiempo de «Watergates», mantengo desde hace mucho, pero en realidad nos invaden a diario los Watergates hasta desactivarlos. Ni el mayor de los atropellos —y hoy es bien obvio— derriba ya presidentes, ni suscita una reacción masiva. Nos hemos acostumbrado al consumismo informativo. Mueren los impactos apenas alumbrados. Sea un juez crucificado por investigar la corrupción vinculada a un partido o el intocable franquismo, un regio imputado por corrupción desfilando por los juzgados, un torero con la cara destrozada al ser corneado, el diario expolio de lo público o las dramáticas consecuencias del neoliberalismo sobre la población. La saturación diluye cualquier escándalo. Y la reiteración aburre. Prácticamente sobre cualquier tema que se aborde salvo los cotilleos de los más histriónicos personajes populares. La pobreza y las amargas caras del hambre, el incremento de los desequilibrios sociales —dramas solucionables que afectan a millones de personas— apenas aportan grandes novedades morbosas todos los días y resbalan sobre las conciencias. A lo sumo se presta atención a un recorte de sueldos, si le afecta al implicado; es decir, «a lo mío», cuando en realidad «lo mío» es «lo nuestro», lo de todos. Se desconecta fácilmente para entretenerse con lo zafio profusamente distribuido al efecto. Tal como parece diseñar un elemento difuso, seguimos siendo la generación más «distraída» —de lo esencial— de toda la historia.

Y, además, está la inducción del miedo paralizante. Al frío, al calor, a los «antisistema», al vecino —griego, rumano, español pobre— si no te quieres ver como él (aunque igualmente te verás así si las directrices no cambian). A la acción, al cambio. A estas alturas de la escalada de quebrantos, uno se pregunta qué bloqueo mental o emocional lleva a no temer más la sustracción del patrimonio común, la pérdida del empleo, la rebaja en el sueldo o la merma de derechos laborales y ciudadanos, que alzar la voz o poner el rostro y el nombre para protestar.

Neolengua

Quizá influyan las perversiones inyectadas en los informativos. La simplificación y dulcificación del lenguaje, la neolengua —definida por George Orwell en su libro *1984*, publicado en 1949—, lejos de reducirse desde la denuncia en *Reacciona*, sigue escalando altas cotas de cinismo o de culposa inercia. La repulsa a las palabras para anular su contenido. Una población que escasamente pide las cosas «por favor» o da las gracias, se incomoda al oír términos socialmente incorrectos aunque designen una verdad. Sigo aconsejando su empleo para combatir la hipocresía.

Ya muchos ciudadanos saben «traducir» las noticias: que toda «reforma» quiere decir «merma», por ejemplo —y entre otros muchos—, algo que básicamente ignora —u obvia— la minoría mayoritaria decisiva. Actúa: «traduce» tanto noticias como opiniones.

Veamos un par de ejemplos:

• El proceso contra el ex presidente de la Comunidad Valenciana Francisco Camps fue llamado incansablemente «el juicio de los trajes», cuando era por cohecho impropio, es decir, soborno. Salió absuelto a pesar de las grabaciones obscenas que oímos o de que dos implicados se confesaron culpables por el mismo hecho. Contó con un tribunal mucho más benévolo del que dispuso Baltasar Garzón, a quien ni siquiera se le permitió aportar pruebas de su inocencia. Desde el punto de vista psicológico, no es lo mismo inducir a pensar que «total son sólo unos trajes» que hablar de soborno destinado a obtener contratos públicos. Los dos autoinculpados —a su pesar hoy— sí se encuentran en ese caso. Una de las muchas incongruencias de la justicia en España.

• El 15-M ha sido duramente manipulado y desactivado en el lenguaje durante toda su historia (cualquier movimiento de protesta lo es). Muchos medios, en particular los conservadores, contaban que «revivía» cuando aún plantaba las tiendas en las plazas. «No tienen propuestas», «no tienen líderes», «han desvirtuado sus objetivos», «perroflautas», «drogadictos», «extranjeros» (como insulto), «delincuentes», hasta escalar la cima del cinismo y la paradoja con un «Motín ultra contra el Congreso»,[3] con el que *ABC* titulaba el día en el que la nueva delegada del gobierno del PP en Madrid se estrenó en el uso de la violencia contra los manifestantes pacíficos que protestaban por la reforma laboral. Usado como un comodín, el 15-M sirve para que el ayuntamiento de Madrid presuma de él en su candidatura para los Juegos Olímpicos de 2016. Su éxito fuera (*The Economist* dijo que los indignados españoles eran «los más serios de Europa») ha llevado al equipo que dirige Ana Botella a incluirlo en el documento como un atractivo de la ciudad y lo define así: «Un movimiento moderado y pacífico». Su compañera de partido y presidenta de la Comunidad de Madrid, Esperanza Aguirre, por el contrario, los comparó con los jacobinos de la Revolución francesa: «No podemos permitir que la demagogia de resentidos y minorías organizadas cambie fatalmente el rumbo de la historia».[4] ¿Cómo? ¿Prefería el mantenimiento de la monarquía absoluta de Luis XIV?

El periodismo es compromiso

Informarse para saber, para decidir, para actuar. Con grados y matices, se observa, sin embargo, una huida de una parte de los propios periodistas del compromiso que conlleva ejercer esta profesión con honestidad. O una confusión incluso de ambos términos independientemente: periodismo y compromiso. Mi experiencia me indica que algunos creen que se trata de seguir una ideología política o de «indicar a quién votar». No deja de ser curioso que uno de los periodistas más valientes, incisivos (y respetuosos al mismo tiempo) sea Jordi Évole, desde su programa de presunto humor, *Salvados*.

Existe un código ético del periodismo independiente —elaborado por numerosos profesionales a través de foros y entrevistas continuos durante tres años— que recogieron los periodistas norteamericanos Bill Kovach y Tom Rosenstiel.[5] Habla de narrar una historia, pero con un propósito: proporcionar al ciudadano los elementos para comprender el mundo. La primera obligación del periodismo es decir la verdad, afirma de inicio. Su primera lealtad es para con los ciudadanos. Su esencia es una disciplina de verificación. Se debe mantener la independencia con respecto a las personas sobre las cuales se escribe. También como observador y crítico del poder. Se ha de esforzar por hacer que lo significativo resulte interesante y relevante. Debe intentar que las noticias sean completas y proporcionadas. Abrir la participación y la crítica al público. Se debe permitir que quienes lo practican apliquen su conciencia personal.

Es decir, el compromiso es con la verdad, la independencia y la sociedad. Y con la propia conciencia. Cualquiera puede cotejar el grado de cumplimiento de estas premisas fundamentales. Y no es inocua su falta. La credibilidad es, por añadidura, un valor que cuesta labrar pero que se quiebra como un fino cristal.

Infundir la autoculpabilidad

Todos los autores que han abordado las técnicas de la manipulación mediática y política —desde Noam Chomsky a Naomi Klein— saben que el éxito de la estrategia radica en que el ciudadano se sienta culpable de los males que le afligen aunque no los haya originado realmente, que sea él quien se introduzca por voluntad propia en la cazuela para ser cocido… y reafirmado en su sumisión. Y, una vez creada la situación crítica, ofrecer una brizna de escapatoria simulando una salida que jamás hubiera sido aceptada con anterioridad. El mal menor. «Los hombres son tan simples y unidos a la necesidad, que siempre el que quiera engañar encontrará a quien le permita ser engañado», decía Maquiavelo.

España como agravante

A la España del cilicio y la necrofilia y a la que quería regenerarla desde Costa a Ortega y Gasset y al machadiano sueño que vio alumbrar «la de la rabia y de la idea», a toda, la ha sacudido duramente la historia. Vivir durante cuatro décadas en una dictadura tras una cruenta guerra; atravesar una transición negociada bajo el peso de los vencedores de la contienda y del largo régimen y no admitir responsabilidades ha creado una sociedad que acepta la impunidad hasta en delitos de enorme calibre. No fue —y no es— inocuo. Es un caldo que va cociendo durante decenios. Varias generaciones fueron educadas en el sometimiento, en la cobardía, en el paternalismo autoritario, en un conservadurismo extremo. En una instrucción deficiente en conocimientos y raciocinio, en la desigualdad, en el machismo, en ahuyentar cuanto fuera posible el sentido crítico, la reflexión. Quienes no supieron liberarse de esa castración mental acarrean y transmiten en su entorno, en el ambiente, la caspa patria profusamente arraigada en los cimientos de este país, los lastres de esas prácticas. De ahí la irrupción de un Partido Popular que revive las viejas esencias de la derecha española más ultramontana, sin regeneración alguna. Lo que Rajoy y su plana mayor parecen ignorar con extraordinaria ceguera es la plural sociedad que (gracias a los votos de sólo el 23 por ciento de la población) gobiernan; que el ya largo proceso democrático ha alumbrado también una ciudadanía, educada y culta, absolutamente liberada de aquellos mimbres. No tomarla en cuenta puede costarles un fracaso que no prevén.

Porque, entonces y ahora, existe la posibilidad de recurrir al pensamiento propio.

Reeducarse en raciocinio

Muchos parecen haber perdido la capacidad de pensar inherente al ser humano. Hacer acopio de información, reflexionar sobre ella, sacar conclusiones, cuestionarlas y volver a deliberarlas para llegar a decisiones. El esquema básico del pensamiento. Lo opuesto a acatar aquello que nos quieren imponer sin haberle dedicado un espacio fructífero en nuestra mente. Aprender de nuevo a distinguir el grano de la paja, lo esencial de lo accesorio. A relacionar las magnitudes que sí nos afectan y que en gran parte nos hurtan: cómo se ven los griegos, los portugueses… nosotros mismos siguiendo este camino que nos marcan. Y por qué con toda precisión y todos los datos. Son los referentes, presente y futuro previsibles, las famosas «barbas del vecino». Hay otros, los que tomaron conciencia de su problema real: los islandeses enjuiciaron a los causantes de su bancarrota, elaboraron una Constitución estudiada y refrendada por el Parlamento y ya tienen un crecimiento positivo. Más que nadie en Europa: cerca de un 3 por ciento. Fitch, una de las agencias de calificación que nos sobrecoge a los demás, ha explicado que «la poco ortodoxa política de respuesta a la crisis de la isla ha tenido éxito». Parece, sí, que las «ortodoxas» funcionan mucho peor. ¿No deberíamos manejar estas variables para tomar decisiones y no las que nos inducen con intenciones que no buscan nuestro beneficio? Se trata, en definitiva, de salir de la cazuela adocenadora que, de alguna manera, definía Bertrand Russell al afirmar, con razón: «Mucha gente preferiría morir antes que pensar; de hecho lo hacen».

Llama la atención cómo se confunden conceptos. O cómo se engullen informaciones parciales y, por tanto, erróneas al ser incompletas. Por más que sean provocados en determinados casos, cada cual debe ser consciente de que sólo a él le compete hacer uso de su sentido crítico. Actúa: usa el cerebro.

Delincuencia

Es un ejemplo paradigmático y extrapolable a muchas otras cuestiones. La mayor parte de los ciudadanos —receptivos a la xenofobia— identifican *delincuencia* con inmigración. O con hurtos de poca monta. A muy pocas personas se las oye citando como delincuentes a especuladores, usureros, a quien roba sumas astronómicas, a los actores de la corrupción política. Esta confusión conduce a permanecer inerme a sus ataques, a no identificar al verdadero enemigo. A no calibrar la influencia de lo que sustraen unos y otros. A seguir admitiendo el dolo de las ingentes cantidades de dinero público que se llevan algunos políticos y sus cómplices, manteniendo incluso el prestigio. A consagrar la impunidad también, uno de tantos monstruos que crecen hasta aplastarnos cuando no se les combate. A volver a doblegarse a normas que utilizan como excusa la «seguridad» que se contrapone a la delincuencia. ¿De qué delincuencia nos defienden?

Las hectáreas económicas

Nos han acostumbrado a que nos den la equivalencia en «campos de fútbol» para las medidas de superficie, sea ese recinto más grande o más pequeño. Los periodistas que la usan se quedan muy satisfechos aportando la ingeniosa comparación —convertida hoy en un tópico— para que nos hagamos una idea más exacta. Debemos exigir, por tanto, que nos sean ofrecidas todas las magnitudes en cada información. En la necesaria inclusión de antecedentes —que tanto se olvida— debería recordarse en cada recorte de nuestros derechos la cifra (bimillonaria en euros) entregada a las entidades financieras, e incluso los impuestos pagados por cada franja social. Si la gasolina está «a nivel europeo», cuál es el «nivel europeo» en sueldos y prestaciones. Los «campos de fútbol» que cercenan nuestro progreso e incluso amenazan nuestra supervivencia. Casi empieza a ser necesario que cada uno se haga su propia tabla de «*hectáreas* traducidas» para cotejar lo que nos cuentan.

La violencia institucional

La derecha neoliberal que acapara gobiernos está comenzando a hacer uso de la «mano dura» —esa que jamás funciona salvo con bombas aniquiladoras— para reprimir las protestas pacíficas. Ciudadanos griegos gaseados y apaleados por no aceptar las condiciones de vida que les ha impuesto, por encima de todos los factores, la deuda especulativa, como un ejemplo entre muchos. Los ya famosos jóvenes estudiantes del Instituto Lluís Vives de Valencia a quienes —pidiendo una educación pública de calidad y reponer elementos básicos que se han llevado los recortes— se les reprimió con extrema dureza. Imágenes que llegaron a las portadas de medios internacionales.

No reparamos en la deducción lógica de que esas fuerzas «del orden» las envían nuestros representantes políticos. Es decir, elegimos a quien queremos que lleve los asuntos que nos competen en nuestro nombre y, si consideramos algunas medidas injustas, ya no cabe oponerse más que al depositar un voto en una urna cada cuatro años, además con nuestra deficiente Ley Electoral, que apaga las voces minoritarias que quieren abrirse paso. ¿No es un contrasentido?

La comunicación global

Y, sin embargo, gracias a la implantación masiva de internet, la sociedad puede comunicarse hoy y compartir información como nunca en la historia. Y hace uso de esa posibilidad. Las redes sociales —dependiendo, naturalmente, del círculo de contactos adquiridos— se han constituido en un mundo paralelo más auténtico que el oficial. En el aspecto informativo, no hay noticia esencial (debidamente enlazada en toda su extensión) que se escape y se valore. Es también el lugar para volcar decepciones, rabias y anhelos. Para compartir. Con brújula, con periscopio, imprescindibles también hoy en el mundo no virtual. ¿O alguien cruzaría una calle sin mirar si vienen coches?

Los intentos de controlar internet para anular su poder, que se dan con insistencia, tienen escaso porvenir; supondrían en la práctica paralizar u obstaculizar las relaciones comerciales y políticas en todo el mundo. Sobrevuela la censura, como barreras y diques que sortear sin que logren anular el objetivo de comunicarse. Al menos por el momento. Actúa. Como dice Ignacio Escolar, «desde que existe internet sólo pierden su voz quienes se resignan a estar callados».

Algunos medios informativos han cargado sus pilas ante esa arrolladora competencia, aunque aún sean los menos. Y surten más información y análisis de lo que en realidad hace palpitar a la sociedad. A la conectada, no a la que sigue en el limbo. Pero todavía no han llegado a atreverse a desnudar todas las verdades como se hace en internet.

Lo peor, sin embargo, es el envite de la prensa conservadora, que, crecida con el triunfo de su representante político, el PP, despliega los más rancios sistemas de la manipulación prácticamente a diario. También desconocen que hoy ya no es posible hurtar información veraz a quien quiera buscarla.

Actúa

Vivimos momentos críticos y desde los poderes no se apuntan cambios de tendencia sino para empeorarlos. Arbitrariedades, aumento de los desequilibrios, descalabros sin fin. Ni la salud que nos mantiene en pie es un valor que haya que apreciar al haberse convertido en un factor económico sujeto a especulaciones y plusvalías. Ningún país se puede permitir tampoco ver cómo se marchan los mejores y más preparados porque aquí carecen de oportunidades. La tentación de emigrar con la casa, los años y la incertidumbre —la soledad incluso—, a cuestas para aliviar la decepción de todos los que estamos indignados (somos muchos) con la situación que padecemos. Cada capítulo de este libro describe la realidad y apunta soluciones… que no lloverán del cielo. El señor feudal o el monarca absoluto no se volvieron demócratas, justos y solidarios con una varita mágica. Y los siervos de la gleba carecían de nuestros medios: la posibilidad de unirse, de actuar sumados unos con otros, sobre todos. Un número nada desdeñable de españoles ya lo sabe y lo practica.

Todas las salidas propuestas, o gran parte de ellas, pasan por dos factores fundamentales: la política y la sociedad. Los gobernantes tienen en su mano —si les acompaña la honestidad, el coraje y la voluntad real de buscar el bien de todos— controlar a los poderes financieros y atajar sus desmanes. Si los llevan a cabo es porque los políticos lo permiten. Son ellos quienes pueden elaborar normas y arbitrar mecanismos para vigilar su cumplimiento, y que de una vez por todas cese la sensación de impunidad en asuntos vitales que cae como una losa sobre este pueblo. Por tanto, una nueva Ley Electoral que responda a la auténtica voluntad del electorado es imprescindible. Y, sin duda, una mayor participación ciudadana en las decisiones.

No es una entelequia elaborar, entretanto, una lista de exigencias indispensables para un funcionamiento más justo del conjunto y que corrija los errores actuales. Un sector de la sociedad ya lo está haciendo. Y con afán constructivo. Y para todos. Refrendarla con un masivo apoyo popular que obligue a nuestros representantes políticos a tenerlas en consideración.

Y, de optar por una regeneración de este corrupto sistema con sus propios medios, incluso plantearse una medida «revolucionaria» —de puro práctica—: afiliarse masivamente a los partidos consolidados porque sólo ellos tienen opciones de gobierno o de oposición que cuente. El PP presume de gozar de 800.000 afiliados, el PSOE alcanza como máximo los 300.000 e IU, 55.000. No serán muchos más los de los partidos nacionalistas y otras formaciones. Estas personas son las que deciden de alguna manera qué políticos se presentan a los distintos puestos de responsabilidad, ideario y funcionamiento. Como mucho 1.300.000 para 46 millones de habitantes. Con la legislación actual, las nuevas formaciones han de sufrir una odisea para hacerse ver, no hay hueco para ellos en la España atada y bien atada. Dada, pues, la escasa militancia española la afiliación masiva sería la vía más resoluta para contar con capacidad de acción: dar la vuelta del revés a los partidos, democratizarlos, acabar con sus estructuras jerárquicas y anquilosadas, dar oportunidad a quienes —dentro y fuera de los partidos— sí aman el servicio a los demás por encima de sus propios intereses. Lo terrible es que lo planteé como experimento en mi blog y las redes sociales, y a una notable mayoría la sola mención de «partidos políticos» les produce un fuerte rechazo. Creen que no tienen remedio. ¿Qué han hecho los políticos, por acción y omisión para que esto suceda? ¿No asimilan tampoco las encuestas que los sitúan como el tercer mayor problema de los españoles? ¿Cómo es posible que ignoren o desprecien el sentimiento que producen?

La decisión última, adquiera la forma que adquiera, está en quienes detentan la soberanía nacional: los ciudadanos. Para actuar con criterio, como tales ciudadanos. Con la responsabilidad que conlleva serlo, ejerciendo de sujetos activos de derechos y deberes. Existen ya quienes se informan, y quienes también se rebelan ante lo intolerable y se afanan en construir. Hay que seguir apelando, sin embargo, a los que no han tomado conciencia de su compromiso con el presente y el futuro, de su país, del bien común, de su propio valor como seres humanos. Deben olvidar que «otros» tienen la obligación de actuar por ellos donde ellos no lo hacen. Si el 15-M se mueve o no se mueve, por ejemplo, deducir que entre su labor no figura el uso de grúas para levantar a tibios, mansos y pasivos.

«Quienes pueden hacer que creas en absurdos pueden hacer que cometas atrocidades», avisaba Voltaire desde la Francia de los cambios históricos. El peor de los errores, hoy, es convertirse en un vegetal, cómplice necesario de esta regresión insostenible. De eso sí que hay muchos culpables, no de la crisis especulativa cuya autoría compete a otros.

Juntos, muchos, insistentemente, informados, aventando reflexiones inducidas y usando el cerebro, el corazón y la dignidad, superando la depresión, la abulia y el miedo que nos adormecen y debilitan, con las armas de la razón y de la no violencia, podemos lograr un mundo más justo para todos. Somos el 99 por ciento de la población. Si, pese a todo, no has reaccionado, despierta. Si ya lo has hecho, actúa. Más. Con eficacia. Comprométete contigo y con los demás. Y, por favor, ¡salta de la cazuela! Te va mucho en ello. El único fuego que ha de arder es el de la justicia, la solidaridad, y el calor que cobije, alimente y haga germinar el progreso y el bien común. Actúa. Con todas las voces de este libro y las raíces de la mejor historia, repito: tú eres el cambio.

Notas

1. «Límite a las privatizaciones», *Le Monde Diplomatique*, diciembre de 2011.
2. http://datos.cis.es/pdf/Es2836mar_A.pdf.
3. «Motín ultra contra el Congreso», *ABC*, 11 de febrero de 2012.
4. «Aguirre ve en el 15-M el germen de un golpe de Estado», *Público*, 26 de septiembre de 2011.
5. Bill Kovach y Tom Rosenstiel, *Los elementos del periodismo*, Ediciones El País, 2003.